"十三五"国家重点图书出版规划项目

法学精义

Essentials of Legal Theory

Micheal J. Perry

Constitutional Rights, Moral Controversy, and the Supreme Court

慎言违宪

[美] 迈克尔 · J. 佩里 著

郑 磊 石肖雪 等 译校

清华大学出版社

北 京

北京市版权局著作权合同登记号 图字：01-2016-3558
Constitutional Rights, Moral Controversy, and the Supreme Court, 9780521755955
by Micheal J. Perry, published by Cambridge University Press, ©2010

图书在版编目(CIP)数据

慎言违宪/(美)迈克尔·J. 佩里著；郑磊，石肖雪等译校. —北京：清华大学出版社，2017
(法学精义)
书名原文：Constitutional Rights, Moral Controversy, and the Supreme Court
ISBN 978-7-302-45128-0

Ⅰ. ①慎…　Ⅱ. ①迈…②郑…③石…　Ⅲ. ①宪法—研究—美国　Ⅳ. ①D971.21

中国版本图书馆 CIP 数据核字(2016)第 231618 号

责任编辑：朱玉霞
封面设计：傅瑞学
责任校对：王凤芝
责任印制：杨　艳

出版发行：清华大学出版社
网　　址：http://www.tup.com.cn，http://www.wqbook.com
地　　址：北京清华大学学研大厦 A 座　**邮　　编**：100084
社 总 机：010-62770175　**邮　　购**：010-62786544
投稿与读者服务：010-62776969，c-service@tup.tsinghua.edu.cn
质量反馈：010-62772015，zhiliang@tup.tsinghua.edu.cn
印 装 者：三河市中晟雅豪印务有限公司
经　　销：全国新华书店
开　　本：145mm×210mm　**印张**：8　**字　　数**：174 千字
版　　次：2017 年 5 月第 1 版　**印　　次**：2017 年 5 月第 1 次印刷
定　　价：49.00 元

产品编号：056467-01

国家“2011计划”司法文明协同创新中心研究成果

献给埃默里大学的同事们

作者

迈克尔·J.佩里，素来秉持“慎言违宪”的司法审查价值立场，是一位享负盛名的美国宪法学名宿。继伯尔曼之后，佩里自2003年起执掌埃默里大学Robert W. Woodruff教位。他在三个领域的持续研究素有影响力：宪法、人权以及法律与宗教。相关的思考已经凝结成75篇论文和12部专著。其中，1982年出版的首部专著《宪法、法院与人权》，已经成为广为关注的美国宪法学名著，自此书出版以来，佩里近25年来关于司法审查的理论反思与理论提升，积聚在本书——佩里的第十本专著之中。

译者

郑磊，1979年生，浙江临安人。获法学博士学位于浙江大学，从事博士后研究工作于中国人民大学，访学于德国基尔大学，现供职于浙江大学光华法学院。先后以《宪法审查的启动要件》《宪法学方法论的特殊性》为博士论文、博士后出站报告，前者已出版。宪法的审查实施和它的方法论运用，两者聚焦的时间点，是转型时期如何法与时转地实现完章善制，两者聚焦的空间点，在人民代表大会制度下自然着落于人大制度。作为已有研究的时空聚焦点，人大制度及其各项职能发挥的相关制度，遂成近年学趣所在。

石肖雪，1988年生，浙江绍兴人。于浙江大学光华法学院获法学博士学位，现为苏州大学王健法学院讲师。主要研究方向公法基本理论、行政法。曾赴美国范德比尔特大学访问一年。公开发表多项学术成果，包括在《法学研究》发表译文1篇。作为主要成员参与多项国家社会科学基金重大重点项目以及浙江省省长基金项目。

中文版序：宪法争议？道德争议？

2013 年的最后一周，我在为本书的中文版作序。本月早些时候，我第一次访问了中国，到访了香港及其相邻的广东省。这次在华期间，我很有幸地同多所法学院的老师与学生、还在江门市五邑大学同一些中国法官，就我的新书《美国宪法上的人权》(剑桥大学出版社 2013 年版)中涉及的多个问题进行了探讨。本书中探讨的大部分问题，包括死刑、堕胎以及同性婚姻(same-sex marriage)，都首先在本书《宪法权利、道德争议和最高法院》(剑桥大学出版社 2009 年版)中进行了探讨。作为一名宪法学者，我始终对与道德争议密切相关的宪法争议抱有浓厚的兴趣。

1970 年代早期，我还是一名法科学生，美国联邦最高法院经常就同道德争议密切相关的宪法问题做出裁决，诸如种族问题、性别歧视问题、死刑、堕胎。(我就读法学院的最后一个学期的第一个月，1973 年 1 月，最高法院作出了至今仍聚讼纷纷的堕胎案判决。这或许可以用来解释，为什么自我的宪法学者生涯的开始之时，1975 年以来，我一直就与道德争议密切相关的宪法争议抱有浓厚的兴趣，我的作品多聚焦于此。我的作品还以道德问题本身为焦点。在我看来，不关注道德问题是不可能充分阐述与道德争议密切相关之宪法争议的。

我的宪法理论在中国受到关注，我感到荣幸和欣慰。我期待着再次访问中国，同中国学者、学生等继续探讨我的学术著作。同时，我向浙江大学光华法学院的郑磊副教授和他的研究生团队(石肖雪、蒋成旭、梁艺、韩宁、王奎芳、施鸿鹏)表达深深的谢意,感谢他们对我的作品抱有的兴趣,尤其感谢他们为中国读者呈现本书中文版所慷慨投入的时间和努力。

迈克尔·J.佩里

2013年12月26日

译者序：慎言违宪

一

在很多人看来，宪法审查就是推翻违宪法律或其他违宪公权力行为的活动。译者曾言，这是一个“正确的误解”。因为它只说出了宪法审查活动一种可能的结果，而且是鲜有出现的那种结果，却让人误读出了违宪结论乃宪法审查活动之常态甚至必然结果的观感乃至担忧。毕竟，合宪结论才是宪法审查的常态。因为对于违宪结论，成熟的宪法审查主体，总是谨言讷行。

针对前述误解，在美国著名宪法学家迈克尔·J. 佩里(Michael J. Perry)看来，一项争议即使本身是违宪的，法官也未必应当宣判它违宪。对这两个层次的问题的区分，构成了本书的核心观点。本书在概括美国宪法审查的实践和理论的基础上，将该观点结构化为宪法审查方法的二阶层次。

(1) 解释宪法规范内涵是什么，以判断系争问题本身是否违宪。

(2) 思考法院应不应当作出违宪判决，这里包含着对法院在适用宪法时的适当角色的考量。

审查方法的上述二阶结构，也是全书的分析框架，并体现在该书的英文标题“Constitutional Rights, Moral Controversy, and the Supreme Court”中：全书的讨论领域是基本权利案件，主张的审查方法和分析结构是，一方面关注人权的规范内涵，主要是人权的道德性或道德性内涵争议问题；另一方面是联邦最高法院如何对系争问题做出判断，在美国“宪法学大师”詹姆斯·布拉德利·塞耶(James Bradley Thayer)发表于1893年的《美国宪法原则的起源与范围》(*The Origin and Scope of the American Doctrine of Constitutional Law*)中集大成的司法谦抑主义，正是对后一问题的精妙回答，并被视为美国司法审查的瑰宝。

全书六章呈现出总分总的结构格式。第一章和第二章，分别直接对这两个方面进行阐述，构成全书的总论部分。第三章至第五章则是分论部分，这一分析框架被分别运用于美国三大宪法争议：死刑、同性婚姻和堕胎问题中。塞耶谦抑主义，是伴随这个分析框架贯穿全书的红线，分论的三章正是通过个案中的司法分析来廓清塞耶谦抑主义的内涵。在此基础上，第六章再论塞耶谦抑主义，并主张联邦最高法院可以在秉持塞耶谦抑主义和积极保障基本权利之间并行不悖。

二

在二阶分析方法为分析框架中、塞耶主义的线索上，蒂结着丰富但简洁的理论硕果。略作梳理，大致可概括出如下一些代表性的理论要点。

(1) 人权的道德性(morality of human rights)即人的尊严。人权的道德性，也就是作为人权法基础的道德依据是什么的问题，包含了一个双重主张：每一个人均拥有平等的固有尊严，这一尊严是“不可侵犯的”。人权的道德性通过民主的途径为人权法提供基础，即我们人民(we the People)迫使我们的选出的代表在立法上确立这样的权利主张：关于为保障人权不可以做什么或者必须做什么的主张。人权法，例如，美国宪法中的人权法案，具有巨大的象征意义，它不仅为立法提供基石，还为政治领域界定什么是合法的或者什么是不合法提供准绳。

(2) 塞耶谦抑主义的目的在于使司法裁量的自由受到限缩；原因主要在于法官不能替代作为最终的政治主权者的人民。塞耶主义并不排斥——事实上也无法排斥——宪法审查过程的主观性，但是它希望在不削减司法责任和审查负担的前提下，限缩司法裁量的空间。对于呈递至法官面前的争议，法官最终的裁判者，这样的司法责任和审查负担是重大且庄严的。但是，裁判权如若不断扩张，一方面将会极大地危及其本身；另一方面，司法审查对于立法谬误(legislative mistakes)的纠正总是来自外部，人民因此不同程度地丧失了通过民主途径来解决问题、来纠正错误，并从中获得的政治实践、道德教育和道德激励，这将矮化人民的政治能力，麻木人民的道德责任感。由此，塞耶主义告诫，法院永远都不要试图涉足立法者的领域。

(3) 塞耶主义的佩里式表达：反向追问系争法律不侵犯基本权利的主张是否不合理。在思考法院应不应当作出违宪判决这个第二层次问题时，佩里坚持塞耶谦抑主义的哲学立场，但将发问方式替换为了一个反向命题(counterclaim)：不是直接追问系争法律是侵犯基本权利的主张是否合理，而是追问系争法律不侵犯基本权利的主张是否合理。宪法理论，始终是一个分歧纷呈的激烈竞技场，声称一项法律违宪的主张可能是合理的，声称一项法律不违宪的主张可能同时也是合理的。这时，并不意味着最高法院应当依据前者作出违宪判断，而恰恰意味着应当依据后者作出合宪判断。通过倒置转换的佩里式表达，使司法态度或司法导向(judicial attitude or orientation)意义上的塞耶主义，从一定程度上，转变成了具有可操作性之审查方法。

(4) 不适用塞耶主义的领域：径直判断违宪反而有利于增强公民的参政能力的领域。如果认为，塞耶谦抑主义会弱化(emasculate)司法审查活动，那就杞人忧天了。因为即便最高法院严格遵循了塞耶谦抑主义，也不会支持那些诸如在布朗诉教育委员会案(Brown v. Board of Education,1954)所涉及的法律上的种族隔离措施，不会支持对智障人士实施死刑，等等。塞耶主义并不意味着，在任何基本权利案件中，最高法院仅仅审查前述相反命题。当对某些问题的合宪性存在合理怀疑时，如果否定其合宪性，从长远看来，将有利于增强公民的参政能力——他们可以对有争议的政治(包括宪法)问题进行商讨，或者实质性地参与到政治过程中，那么，最高法院就应当果断地否定其合宪性。从美国宪法实践来看，第一修正案所保障之言论、出版和集会等领域就具有反塞耶主义(counter-Thayerian)的特点，支持塞耶谦抑主义立场的民主论证逻辑在这些问题上不再成立，最高法院应承担的不再是塞耶式的次要的职责[secondary (Thayerian) responsibility]，而应当承担首要的职责(primary responsibility)。因此，合理界定塞耶谦抑主义的适用场域，可保证秉持塞耶谦抑主义和积极保障基本权利并行而不悖。

(5) 塞耶主义的制度前提：宪法审查主体享有终极性司法权。在佩里看来，赋予法院的是终极的司法权，而不是次终极性的司法权力(power of judicial penultimacy)，是法院应当谦抑地行使这项权力的制度前提。在次终极式司法体系的背景下，例如加拿大，主张司法谦抑的塞耶主义论据的适用是有限的(little)。由此可见，与塞耶主义相匹配的是强司法审查模式，这虽然没有彻底否定塞耶主义在弱司法审查中的意义；但对于弱司法审查模式而言，甚至是不成熟的司法审查而言，在关注塞耶主义的同时，不可偏废对司法独立、司法责任等前提问题的关注。

由此，本书的基本的意义脉络树已呈现出来：以二阶分析方法为枝干，以塞耶主义为经络线索，以上述丰富但简洁的理论构成内容为花叶果实。意义脉络树的上下，无不流露出"慎言违宪"(take unconstitutionality cautiously, or take unconstitutionality seriously)的精气神。

(1) 既不"轻言违宪"，不当言则不言，即使争议问题违宪的主张可能是合理的。这是塞耶主义的基本内涵。

(2) 也不"拒言违宪"，慎无可慎，无须再慎，在径直的违宪判断恰能长足促进人民政治商谈能力的领域，当言则言，塞耶主义与此并行不悖。否则，就会落入德沃金(Ronald Deworkin)所批评的"以某种嘲弄(mock)宪法权利的特定方式来界定公平这项至上宪法美德"的纯粹消极主义进路。[1]

尽管何时不当言、何时当言之间的分界点，在不同的时代背景中，不尽相同。但是，如此不偏不倚地认真对待违宪的中庸之道，正是宪法审查价值立场之通说所包含的逞逞正论。与之相比，有两种现象则处于同此价值立场所对应的两极上：一者是"言必称违宪"，另一者是"视违宪审查为洪水猛兽"。两者看似对立，却在一定意义上相互勾连的：前者通过寒蝉效应强化后一种认识；后者又以逆反之态激化前一种现象。跳出这种恶性勾连，应对两个对极之间的各种偏颇之见，"慎言违宪"不失一剂温性良药。为此，

---

〔1〕 Ronald Dworkin, *Law's Empire*, The Belknap. p. ress of Harvard University p. ress, 1986, pp. 377-8.

征得作者同意后，此中文版译著以此更为简洁、直观的短句为正标题。

写译者序过程中，键盘上敲“慎言违宪”四个字时，出现“慎言为先”。这正好是弘一大师说的“修己，以清心为要。涉世，以慎言为先”，恰好谐音。慎言，确为当代公共领域的重要道德观念；尤其违宪话题处于无言之苦和轻言之弊的夹缝中，慎言，不失激浊扬清之态。慎言，盛也。

三

素来秉持“慎言违宪”之司法审查价值立场的佩里，是一位享负盛名的美国宪法学名宿。他所在的埃默里大学，于 2003 年授予他以 Robert W. Woodruff 教授席位，这是继哈罗德·伯尔曼(Harold J. Berman)之后执掌该教席的第二位法学者，该席位是埃默里大学之最高荣誉。此前，佩里先后执教于多所著名法学院并执掌重要教席，包括其教学生涯的始发地俄亥俄州立大学法学院(1975—1982)，执教 15 年的西北大学(1982—1997)，并执掌 Howard J. Trienens 法律教席(1982—1997)，以及授予其大学特聘法律教席(University Distinguished Chair in Law)的维克森林大学(1997—2003)。基于其学术影响力，佩里在全球多个名校担任客座教授，例如，耶鲁大学法学院、杜兰大学法学院、纽约大学法学院大学、东京大学、阿拉巴马州立大学法学院、加拿大西安大略大学担任客座教授，并频繁在多个研究机构访学并授课，例如，连续三年秋季学期(2009、2010、2011)担任圣地亚哥大学法律与和平研究所的杰出访问学者，并同时在法学院和琼·克罗克学院和平研究所开设课程。

佩里在三个领域的持续研究素有影响力：宪法、人权以及法律与宗教。至今，相关的思考已经凝结成75篇论文和12部专著。其中，12部专著如下：

（1）《宪法、法院与人权》（*The Constitution, the Courts, and Human Rights*, Yale, 1982）；

（2）《道德、政治与法律》（*Morality, Politics, and Law*, Oxford, 1988）；

（3）《爱与权力：美国政治中的宗教与道德的角色》（*Love and Power: The Role of Religion and Morality in American Politics*, Oxford, 1991）；

（4）《法庭上的宪法：法律抑或政治？》（*The Constitution in the Courts: Law or Politics?* Oxford, 1994）；

（5）《政治中的宗教：宪法与道德的视角》（*Religion in Politics: Constitutional and Moral Perspectives*, Oxford, 1997）；

（6）《关于人权理念的四个质疑》（*The Idea of Human Rights: Four Inquiries*, Oxford, 1998）

（7）《我们人民：第十四修正案与最高法院》（*We the People: The Fourteenth Amendment and the Supreme Court*, Oxford, 1999）；

（8）《上帝庇佑下：宗教信仰与自由民主国家》（*Under God? Religious Faith and Liberal Democracy*, Cambridge, 2003）；

（9）《关于人权的理论：宗教、法律与法院》（*Toward a Theory of Human Rights: Religion, Law, Courts*, Cambridge, 2007）；

（10）《宪法权利、道德争议与最高法院》（*Constitutional Rights,*

Moral Controversy, *and the Supreme Court*, Cambridge, 2009)；

(11)《自由民主国家的政治道德》(*The Political Morality of Liberal Democracy*, Cambridge, 2010)；

(12)《美国宪法中的人权》(*Human Rights in the Constitutional Law of the United States*, Cambridge, 2013)。

本书是佩里出版的第十本书。之前，佩里于1982年出版的第一部专著《宪法、法院与人权》，就已经成为广为关注的美国宪法学的名著之一。30多年来，佩里在这个领域连续、持稳地思考着，其观点也因此持续发展和完善，其每一部著作都体现着这个思路历程。其中，本书作为作者的第十本专著，是这个思路历程的一个重要环节。本书凝结了佩里在第一部专著基础上近25年来关于司法理论的理论反思与理论提升，两书的名称也显现出结构层次上的对应性。诚如迈斯特·艾克哈特(Meister Eckhart)所说："擦拭过往之手，方能书写真理。"

郑 磊

2016年11月4日

目 录

导论：一个关于司法审查的（部分）理论

> 任何宪法裁判理论(constitutional adjudication)的首要特点在于,它是一个关于司法审查(judicial review)的理论,即司法权推翻立法指令的理论。[1]

美利坚合众国的宪法建立了一个全国性政府——或一贯称之为的联邦政府,并在①国家的三大分支机构(立法、行政与司法)之间以及②联邦政府及州政府之间实现了权力的分配。宪法同时限制了政府的权力。宪法中大多数的权力限制条款(power-limiting
2 provisions),如禁止残酷且异常的刑罚的宪法第八修正案,都阐明了今人所谓的"人权"。本书关注的是,美国联邦最高法院在实施宪法中的权力限制条款的过程中所应扮演的角色——所谓实施,即实现这些条款所明确规定的人权。我尤为关注的,简言之,就是法院在实现宪法人权的过程中所应扮演的角色。

下述双重命题平凡到可谓毫无争议:一部法律(或其他政府政策)是非道德的或在其他方面具有严重误导性(woefully misguided),并不意味着该法律违反宪法;因此,即便一部法律具有严重误导性,也不意味着最高法院(或任何其他法院)应当判定其违宪。(正如最

〔1〕 Adrian Vermeule, "Common Law Constitutionalism and the Limits of Reason," 107 Columbia L. Rev. 1482, 1532 (2007).

高法院大法官瑟古德·马歇尔(Thrugood Marshall)常说的一句话："宪法并不阻止立法机关制定愚蠢的法律。"[2]但另一个问题则颇具争议，这也正是我在本书中所坚持的：即便法院(或者大部分法院)相信某一法律是违反宪法的——如授权实行死刑的法律——也并不意味着法院应当判定这一法律违宪。

相应地，一位公民——说来奇怪，甚至是一位宪法学者！—— 3
相信某部法律违反宪法，也不意味着他就应断定法院会判定该法律违宪。在宪法学者中间有一种非常常见的现象，当他们证明了某部法律违反宪法，他们就断言或暗示法院应当如此裁判(或有正当理由相信法院会如此裁判)，却从未意识到，如要支撑法院应当如是裁判这样的主张，他们需要作进一步探讨。[3] 然而，法律是否违反宪法，与法院是否应当判定其为违宪，是两个截然不同的命题：人们可以对两个命题各自作出肯定的判断，但对前一个命题得出肯定判断，并不必然意味着对后一个命题的判断也是肯定性的。[4]

---

〔2〕 参见 David Stout, "Justices Back New York Trial Judge System," New York Times, January 16, 2008 (引自约翰·保罗·史蒂文斯大法官的《受人尊敬的老同事：瑟古德·马歇尔》)。

〔3〕 关于这一现象最近的突出例子，参见 Jack M. Balkin, "Abortion and Original Meaning," 24 Constitutional Commentary (2007); available at http://ssrn.com/abstract=925558.

〔4〕 在本书中，我特别探讨了法律及其他政策的合宪性。(一部法律必然代表了一项政府政策。)但宪法案件有时涉及政府工作人员(如警察)行为的合宪性问题，却并不总是涉及法律及其他政策的合宪性问题。尽管如此，这些案件确实涉及了——也必然(即便含蓄地)涉及了——政府政策，即允许政府官员介入系争行为之政策的合宪性问题。如果法律或其他政府的政策禁止官员介入系争行为，此类行为的合宪性问题，就没有讨论的必要了；然而，如果政府的政策并未禁止此种介入，则此种宪法问题必须被讨论。欲裁决行为的合宪性，必先裁决政府允许介入系争行为之规范的合宪性。

4 从某种意义上说,本书是关于宪法理论的随笔(essay)。在美国,宪法理论包含着如下两部分。

> (1) 当解读某个宪法条文时,探究其内涵是什么——或者,至少探究其内涵应当是什么。比如,第八修正案禁止残酷且异常的刑罚,但何谓"残酷且异常的"?
>
> (2) 法院在实施宪法条款时,应当扮演的适当角色是什么?更精确一点说,法院在实施宪法条款时是否应当保守一点:法院应否宣告一部被宣称为违反宪法条款的法律无效,如果他们也认为该法律违反宪法条款?或者相反,是否只有当他们断定,声称该法律并不违反宪法条款的相反主张(counterclaim)并不合理时,方能宣告该法律无效?

近30年以来,宪法学者虽然在前一个问题上不遗余力,却对后一问题有所忽视。本书从某种程度上说也在试图改变这种状况。

5 但这并不意味着我忽略了前一个问题。本书所讨论的死刑合宪性问题(第三章)、各州拒绝将法律保障延伸至同性结合领域的合宪性问题(第四章),以及各州禁止在胎儿独立存活期前堕胎的合宪性问题(第五章),均以对第一个问题的"原旨主义式"的回答为前提,而且我将在本书第三章论证我的结论。(难道我们现在不都是——或差不多都是——原旨主义者吗?[5] 作为一个原旨主义者,并不必然主张司法机关应当推翻每一项并非建立在原旨主义基础上的宪法原则。毕竟有些原则已经取得了我在别处所说过的"宪法基石"的地位。这些原则设置精良,并且没有明显推

〔5〕 参见第三章,脚注〔2〕。

崇——尤其是在政治精英中——放弃这种原则的情形。)[6]但是，
本书主要关注——在本书中我将主要精力用于阐述——第二个问
题，而且，本书中我对第二个问题的论述，并不取决于我对第一个
问题的论述。在回应第二个问题的过程中，我详细阐述、捍卫并展
示(我所谓的)宪法裁判的塞耶进路(Thayerian approach)。宪法 6
解释中是否应当接受原旨主义方法——或者，至少说接受是一种
原旨主义方法——的问题，同宪法裁决中是否应当接受塞耶进路，
是两个截然不同的问题。对前者的肯定回答并不必然导致对后者
的肯定回答，而对前者的否定回答亦并不必然导致对后者的否定
回答。需要再一次强调的是，我在本书中所主要关注的是后一个
问题。

读者需留心(Caveat emptor)，本书的一个重点是，基于宪法的含义，最高法院应当如何解决相关宪法争议。因此，在接下来的章节中——特别是那些谈到死刑、同性结合以及堕胎等相关宪法争议的章节中——我只是对宪法自身的含义，而不是对最高法院所声称的含义感兴趣。对那些想要了解法院所声称的宪法含义的读者，市面上的材料如过江之鲫；同样的，对于那些想要了解法院基于其所声称的宪法含义——亦即基于目前的宪法理论，它们中部分带有误导性——应当如何解决一个又一个的宪法争议的人们，这样的资料亦是不可胜数。

在本书中，我将继续探讨前一部著作《关于人权的理论》 7

〔6〕 参见 Michael J. Perry, We the People: The Fourteenth Amendment and the Supreme Court 19-23 (1999)。“为遵循先例腾出空间并不与原旨主义原则冲突或不协调，这仅仅反映了一个规范的、通行的宪法解释的理论。” Kurt T. Lash, “Originalism, Popular Sovereignty, and Reverse Stare Decisis,” 93 Virginia L. Rev. 1437, 1481 (2007). 拉什的此篇重要论文是非常值得阅读的。

(*Toward a Theory of Human Rights*, 2007)结尾处提出的疑问。这是我所撰写的第十本书,本书所主张的宪法裁判方法,即司法审查理论,至少可以说,不同于我在25年前出版的第一本书《宪法、法院与人权》(*The Constitutionm, the Courts, and Human rights*, 1982)中所主张的方法。诚如迈斯特·艾克哈特(Meister Eckhart)所说:"擦拭过往之手,方能书写真理。"

在这一章中，我的目的是为后面的章节提供概念上和规范上的背景与语境。为此，我要解决三个问题：什么是人权的道德性(morality of human rights)；亦即作为人权法基础的道德依据是什么？人权的道德性是如何为人权法提供基础的？为什么大多数自由民主国家——包括美国——都在其宪法中确立了一些人权法内容？

Ⅰ．人权的道德性

尽管人权的道德性仅是众多道德理论的一种，却已然成为我们这个时代的主导性道德理论；实际上，有别于之前的其他道德理
10 论，人权的道德性已经成为真正世界性的道德理论。[1]

---

〔1〕 这并不是说人权的道德性是新近出现的；在某种意义上，这是一种非常古老的道德理论。参见 Leszek Kolakowski, Modernity on Endless Trial 214 (1990) [解释了“不可改变之个人权利的概念，最早可以追溯至基督教对自治地位(autonomous status)以及个人人格所具有之不可替代价值的观念”]。尽管如此，自第二次世界大战结束以后，人权的道德性在国际法层面的出现，是一次意义深远的发展：“直到第二次世界大战，大部分法学家和政府官员，即使未必这样表达，但都确信这样一项一般性主张：国际法并不干涉，每个平等的主权国家，对他的或她的公民拥有极大的自然权利(natural right)。”Tom J. Farer & Felice Gaer, “The UN and Human Rights: At the End of the Beginning,” in Adam Roberts & Benedict Kingsbury, eds., United Nations, Divided World 240 (2d ed., 1993).

[与此相关，人权话语已经成为道德的通用语言(lingua franca)。][2]尽管如此，人权的道德性并未被很好地理解。那么，人权的道德性究竟包含着什么？

通常所说的国际人权法典(The International Bill of Rights)包括三份文件：《世界人权宣言》(*Universal Declaration of Human Rights*)、《公民权利和政治权利国际公约》(*International Covenant on Civil and Political Rights*)和《经济、社会及文化权利国际公约》(*International Covenant on Economic, Social, and Cultural Rights*)。[3]《世界人权宣言》在序言中提到"对于人类 11
家庭所有成员的固有尊严……"，并在第1条中阐述道："人人生而自由，在尊严和权利上一律平等……应以兄弟关系的精神相对待。"两个公约，则在各自的序言中，提到"对于人类家庭所有成员的固有尊严……"以及"人身的固有尊严"(the inherent dignity of the human person)——借此，两个公约均强调了"人类家庭所有成

---

[2] 参见 Jürgen Habermas, Religion and Rationality: Essays on Reason, God, and Modernity 153-54 (Eduardo Mendieta, ed., 2002)："虽然起源于欧洲，……在亚洲，非洲以及南美洲，人权话语如今已经构成反对派以及残暴政权和内战的受害者用以提高声音，来反对暴力、镇压和迫害，反对侵害他们人格尊严的不正义行径的唯一语言。"

[3] 《世界人权宣言》于1948年12月10日由联合国大会通过并颁布。《公民权利和政治权利国际公约》(ICCPR)和《经济、社会及文化权利国际公约》(ICESCR)是对缔约国有拘束力的条约，在某种程度上，是用来阐述《世界人权宣言》中规定的各项权利的。ICCPR 和 ICESCR 分别由联合国大会于1966年12月16日通过，并开放供签署、批准和加入。ICESCR 于1976年1月3日生效，到2004年6月为止，共有149个缔约国。ICCPR 于1976年3月23日生效，到2004年6月为止，共有152个缔约国。美国是 ICCPR 的成员国，但不是 ICESCR 的成员国。1977年10月，吉米·卡特总统(President Jimmy Carter)同时签署了 ICCPR 和 ICESCR。虽然美国参议院并未批准 ICESCR，但1992年9月，在乔治·H. W. 布什总统(President George H. W. Bush)的支持下，参议院批准了 ICCPR[一些"保留、谅解和声明"，于此不相关；参见 138 Cong. Rec. S 4781-84 (daily ed., April 2, 1992)]。

员的平等的和不移的权利…… 源于"何处。[4]

12 按照国际人权公约和许多自由民主国家的宪法,[5]人权的道德性——作为人权法基础的道德依据——包含了一个双重主张(twofold claim)。第一,每一个人均拥有平等的固有尊严。[6]

- 《牛津英语词典》(*The Oxford English Dictionary*)对"尊严"给出了如下主要定义:"成为有价值的或受尊重的品质;有价值、高尚、卓越。"[7]

- 每一个人都拥有"固有"的尊严,意指每一个人所拥有的基本尊严(fundamental dignity),既非由于他或她是某个团
13 体(基于种族、民族、国籍、信仰等原因)的成员,也非基于男性与女性的区别,亦非由于其做了什么事情或取得什么

---

〔4〕 两项公约的序言中与此相关的表述如下:

本公约缔约国,

考虑到……对人类家庭所有成员的固有尊严及其平等的和不移的权利的承认,乃是世界自由、正义与和平的基础。

确认这些权利是源于人身的固有尊严……

兹同意下述各条:……

〔5〕 参见 David Kretzmer & Eckart Klein, eds., The Concept of Human Dignity in Human Rights Discourse, v-vi, 41-42 (2002); Mirko Bagaric &James Allan, "The Vacuous Concept of Dignity," 5 J. Human Rights 257,261-63 (2006)。另参见 Vicki C. Jackson, "Constitutional Dialogue and Human Dignity: States and Transnational Constitutional Discourse,"65 Montana L. Rev. 15 (2004).

〔6〕 作为一个描述性事项,人权的道德性并不主张每个人都具有固有尊严,而只是已出生的人具有固有尊严。参见 Michael J. Perry, Toward a Theory of Human Rights: Religion, Law, Courts 54 (2007)。除了在讨论堕胎问题时(如我在本书第四章中所呈现的),我一般不区分出生/未出生,而只是简单地阐述:根据人权的道德性,每个人拥有固有尊严。我在其他文章中指出,如果我们确认每个人拥有固有尊严,那么我们就有充分的理由确认每一个未出生的人也有固有尊严。参见 id., at 54-59.

〔7〕 Oxford English Dictionary (2d ed., 1991). Cf. Christopher Mc Crudden, "Human Dignity," Oxford Legal Studies Research Paper Series No. 10/2006, available at http: //papers. ssrn. com/abstract=899687.

成就等，而仅仅由于其作为一个人。[8]

- 每一个人拥有“平等的”固有尊严，意指拥有固有尊严不存在程度上的区别：正如不存在某个孕妇比另一位孕妇怀孕多一点——或少一点，也不存在一个人会比另一个人拥有的固有尊严多一点——或少一点。根据人权的道德性，“人类家庭所有成员生而……拥有平等的尊严……”由此，当我说“固有尊严”时，即是指“平等的固有尊严”。[9]

第二，在这个意义上，人的固有尊严，对于我们具有规范效力 14
(normative force)：我们的生活应当遵照每个人都拥有固有尊严这个事实；亦即我们应当尊重——我们有充分的理由去尊重——每一个人的固有尊严。[10]

对人权的道德性的双重主张，还有另一种表达：每一个人都

---

〔8〕《公民权利和政治权利国际公约》第26条，禁止了“基于种族、肤色、性别、语言、宗教、政治或其他见解、国籍或社会出身、财产，出生或其他身份等任何理由的歧视”。参见 Peter Berger, “On the Obsolescence of the Concept of Honor,” in Stanley Hauerwas & Alasdair MacIntyre, eds., Revisions: Changing Perspectives in Moral Philosophy 172, 176 (1983)：“尊严……总是与褪去所有社会性附着的角色或规范之后的内在的人性(intrinsic humanity)相关联。它属于无关社会地位的个体自身。从《独立宣言》的序言到联合国的《世界人权宣言》等经典文献中，这一点非常清晰地呈现出来。”Cf. Charles E. Curran, “Catholic Social Teaching: A Historical and Ethical Analysis 1891-Present” 132 (2002)：“人格尊严来自于上帝的馈赠；它不取决于人类的努力、工作或者成就。所有的人类拥有基础性的、平等的尊严，因为所有人共享着由上帝所创造和拯救的这项慷慨的礼物…… 因此，所有人拥有相同的基础性尊严，无论他们的肤色是棕色、黑色、红色或是白色；无论贫富，长幼；无论男女；也无论健康或疾病。”

〔9〕对固有尊严持怀疑态度的讨论，参见 Bagaric & Allan, n. 5. “Dignity is a vacuous concept.” Id., at 269.

〔10〕我主张人权的道德性包含一个双重主张(a twofold claim)，而不是包含两个主张(two claims)，所要强调的是，根据人权的道德性，每一个人拥有固有尊严不是一个独立的主张，而是与我们应当以一种尊重每个人的固有尊严的方式来生活这样一种主张紧密相关的。

拥有固有尊严,且这一尊严是“不可侵犯的”(inviolable)——不能
被违反(not-to-be-violated)。[11] 根据人权的道德性,一个人可以
明显(explicitly)或隐秘(implicitly)地侵犯他人。如果明确地否认
她(或他)拥有固有尊严,就属于明显地侵犯。(比如说纳粹明确地
否认犹太人拥有固有尊严。)[12]以缺乏固有尊严的方式对待
她——或者是对她实施一些行为,但如果将其视为真正的拥有固
15 有尊严的人就不会这么做,或者是拒绝对为她做一些事,但如果
将其视为真正拥有固有尊严的人则不会拒绝,那么就属于隐秘
地侵犯。(即使纳粹并未明确地否认犹太人拥有固有尊严,他们
也会隐秘地对此进行否认:纳粹对犹太人所做的事,是任何一个
真正认为犹太人拥有固有尊严的人所不会对他们做的事。)在人
权道德性的语境中,主张①每一个人都拥有固有的尊严,且我们
应当以此生活(亦即以尊重这一尊严的方式来生活),就是在主
张②每一个人拥有固有尊严,并且是不可侵犯的——不能被违
反,无论是上述提到的何种形式的“侵犯”(violate)。要肯定人权
的道德性,就是要肯定每一个人都拥有固有的且不可侵犯的尊
严这一双重主张。

如果这是正确的,那么为什么(why)——凭什么(in virtue of what)是正确的——为什么每一个人都拥有固有的且不可侵犯的

---

〔11〕《牛津英语词典》对“不可侵犯的”给出了下列定义:“不能被违反;不倾向或不允许施以暴力;受到庄严的保护而免遭亵渎、侵害或攻击。”Oxford English Dictionary (2d ed., 1991).

〔12〕参见 Michael Burleigh & Wolfgang Wipperman, The Racial State: Germany, 1933-1945 (1991); Johannes Morsink, "World War Two and the Universal Declaration," 15 Human Rights Q. 357, 363 (1993); Claudia Koonz, The Nazi Conscience (2003).

尊严？[13] 并不奇怪的是，国际人权法典对此（有意地，famously）保持了沉默，因为人们在传递给我们《世界人权宣言》和两个公约之时，包含了多元的宗教观点或非宗教观点。[14] 实际上，每个人 16
都拥有固有的且不可侵犯的尊严这一主张，对于许多世俗的思想家来说，是很有问题的，因为这个主张很难——也许是不可能——与他们的一项基本信念相匹配，即伯纳德·威廉姆斯（Bernard Williams）所谓的“尼采的思想”（Nietzsche's thought）：“不仅不存在上帝，甚至不存在任何形而上学的命令……”[15]在其他地方我已经解释过，为什么我质疑人权的道德性具有可信服的世俗性依

〔13〕 Cf. Jeff McMahan, “When Not to Kill or Be Killed,” Times Lit. Supp., August 7, 1998, at 31 [reviewing Frances Myrna Kamm, Morality, Mortality (Vol. II): Rights, Duties, and Status (1997)]：“理解我们所谓的不可侵犯性的基础，不仅对于主张我们自身不受侵犯是否具有说服力非常关键，而且对界定不可侵犯之人群（the class of inviolable beings）的边界也非常关键。”

〔14〕 参见 Jacques Maritain, “Introduction,” in UNESCO, Human Rights: Comments and Interpretation 9-17 (1949)。马丽坦写道：“在没有人问为什么的情况下，我们确认这些权利。” Id., at 9.（另参见 Youngjae Lee, “International Consensus as Persuasive Authority in the Eighth Amendment,” http://ssrn.com/abstract=959706 (2007)：“国际人权条约……故意对他们所采纳的规范背后的原因保持了沉默。”）然而，马丽坦错了，国际人权条约中，既有关于“权利”的协定（实际上是某些权利），也有部分关于“为什么”的协定：也就是，每一个人都拥有固有尊严。再次强调，宣言在序言中就明确指出“人类家庭所有成员的固有尊严”，并在第 1 条规定：“人人生而自由，在尊严和权利上一律平等……应以兄弟关系的精神相对待。”所以马丽坦应该这样说：“我们确认这些权利。我们甚至确认固有尊严——但没人会问我们为什么人拥有固有尊严。”

〔15〕 Bernard Williams, “Republican and Galilean,” New York Rev., November 8, 1990, at 45, 48[评论 Charles Taylor, Sources of the Self: The Making of Modern Identity (1989)]. 参见 Perry, Toward a Theory of Human Rights, n. 6, at14-29。Cf. John M. Rist, Real Ethics: Rethinking the Foundations of Morality 2 (2002)：“（柏拉图）相信，假如超越“被启蒙的”自我利益（‘enlightened’ self-interest）的道德必须得到理性的辩护，它必须被建立在形而上学基础之上……”

17 据(secular ground),[16]但尽管如此,人权的道德性——作为人权法基础的道德依据——毫无疑问,是我们这个时代的主导性道德理论。

Ⅱ. 从道德到法律

提到人权的道德性,我指的是作为人权法基础——主要的基础——的道德。[17] 那么准确来讲,人权的道德性是如何为人权法提供基础的?

18 如上所述,人权的道德性主张,每一个人都拥有固有尊严,且这一尊严是"不可侵犯的"——不能被违反。所以,我们如果承认人权的道德性,那么正因为我们承认之,我们就应当尽我们所能,

---

〔16〕 参见 Michael J. Perry, "Morality and Normativity," 13 Legal Theory211 (2008)。另参见 Perry, Toward a Theory of Human Rights, n. 6,at 1-29。按照尤尔根·哈贝马斯(Jürgen Habermas)的观点:

> 基督教教义,已经充当着关于现代性的规范性自我理解的作用,而不仅是一种单纯的先导或催化剂。平均主义的普遍性(Egalitarian universalism),催生出了自由和社会团结的思想、生命和解放的自主行为、个人的道德良知、人权和民主,它是对犹太教的正义伦理和基督教的爱的伦理的直接的继承。这份遗产,没有发生实质性的变化,一直是重大运用和重新解释的对象。直到今天,它仍然是不可替代的。面对当下的后民族格局(postnational constellation)的挑战,我们继续运用这份遗产的实质内容。其他的,则都是后现代的空谈。
>
> Jürgen Habermas, Time of Transitions 150-51 (2006).

我赞同布莱恩·谢佛(Brian Schaefer)的主张:"无基础的"人权进路是非常有问题的。参见 Brian Schaefer, "Human Rights: Problems with the Foundationless Approach," 31Soc. Theory & Practice 27 (2005)[批判了迈克尔·伊格纳季耶夫(Michael Ignatieff)和理查德·罗蒂(Richard Rorty)关于无基础进路的推定]。另参见 Serena Parekh, "Resisting 'Full and Torpid' Assent: Returning to the Debate Over the Foundations of Human Rights," 29 Human Rights Q. 754 (2007).

〔17〕 人权的道德性——每一个人拥有固有的且不可侵犯的尊严的命题——并非人权法的唯一基础。参见 Perry, Toward a Theory of Human Rights, n. 6, at 25-26。但是,正如我在本章中前面部分解释过的,它是国际人权法明确采纳的主要基础。

做到一切所能够被考虑到的事情——我们有充分的理由尽我们所能，做到一切所能够被考虑到的事情——来阻止包括政府在内的任何人，做出明显或者隐秘的侵犯人权的行为。[18]［这里的“做出”(doing)也可以用不做出(not-doing)替代，即拒绝做出。］此外， 19
我们如果承认人权的道德性，那么正因为我们承认之，我们就有充分的理由尽我们所能，做到一切能够被考虑到的事情，而不仅仅限于(do more than)阻止任何人做出侵犯人权的行为：即使这种侵犯(包括隐秘地侵犯)还没有发生，但不加阻止就会带来无端痛苦(unwarranted suffering)(或者其他损害)。在这里我指的是严重的而非无关紧要的痛苦。在“二战”时期的德国，迪特里希·潘霍华(Dietrich Bonhoeffer)发现：“我们已经学会从底层人的视角来

---

〔18〕 所谓的“做一切能够被考虑到的事情”在很多语境中是不确定的。阿玛蒂亚·森(Amartya Sen)从伊曼努尔·康德(Immanuel Kant)那里借用过来的，所谓的“完美”和“非完美”义务之间的区别，与此是相关的——尽管我将用不同的术语进行区别：“确定”和“不确定”义务。正如森所说，“完美，是指不要侵害任何人这一要求，它以一项更一般的、且更难以确定的要求为补充，即考虑阻止侵害的各种方法和手段，并因此决定一个人应当合理地做些什么的要求。”Amartya Sen, “Elements of a Theory of Human Rights,” 32 Philosophy & Public Affairs 315, 322(2004). 森阐述道：

> 尽管对人权(以及与人权相关的主张和义务)的认同是伦理层面的确信，他们不需要单独提供一套完整的蓝图用来评价性评估。对人权所达成的共识，确实关涉一个坚定的承诺，即(to wit)对遵循伦理要求的义务给予合理的考量。但是，即使就这些主张达成了共识，如下问题上，仍然存在严重的争论，尤其关于非完美义务：(i)对人权如何以最佳的方式给予关注，(ii)不同类型的人权之间，以及同有机统一在一起的各自的相关要求(their repective demands)之间，如何权衡轻重，(iii)人权的主张，如何与其他同样需要伦理关注的评价性事项相结合，等等。人权的理论，为更深远的讨论、争论乃至辩论，留出了空间。开放的公共理性……能够最终解决关于范围和内容的一些争议(包括对一些明显能获得认同的权利和其他较难获得认同权利的界定和其他难以持续的权利的界定)，但是其他问题可能不得不，至少是暂时性的，留待解决。持续的争议的存在，并不会让人权理论陷入窘境。

Id. , at 322-23.

看待世界史上的重大事件，学会了从无家可归者、嫌疑犯、受虐待者、弱者、受压迫者、被唾骂者的视角——简言之，从那些遭受着痛苦的人们的视角来看待（那些重大事件）。”[19]如果我们拒绝尽我们所能（做一切能够被考虑到的事情），来阻止对人权的侵害或者
20 防止人们遭受无端痛苦——这里的“我们”（we）主要是指集合意义上的我们（collective we），比如通过选出的代表来进行活动的“我们人民”（We the People）——我们就是拒绝尽我们所能，为受害者提供保护，也就因此侵犯了他们的人权：我们如此对待他们——“那些遭受着痛苦的人们”——仿佛他们没有固有的尊严，因为我们拒绝为他们做那些只要真正认为他们拥有固有尊严的人都不会拒绝做的事情。普利莫·列维（Primo Levi）写道：“如果我们看见令人痛苦的折磨而袖手旁观，那么我们自己便是施虐者。”[20]本着同样的精神，马丁·路德·金（Martin Luther King Jr.）宣称：“不人道的行径，不仅是那些坏人的刻薄的作为造成的，也是那些好人的刻薄的不作为酿成的。”[21]有时候我们对一个人的侵害，不是因为做了什么事情伤害了她，而是因为拒绝做一些事情来保护她。“对人权的罪恶，不仅是犯下罪行（commission），还包括对人权的忽视（omission）。”[22]

在本书语境中，所谓人们遭受的痛苦是“无端”（unwarranted）

---

〔19〕 Dietrich Bonhoeffer, “After Ten Years: A Letter to the Family and Conspirators,” in Dietrich Bonhoeffer, A Testament to Freedom 482, 486(Geoffrey B. Kelly & F. Burton Nelson, eds.; rev. ed. Harper San Francisco 1995). “十年后”包括了“1942 年的圣诞”。

〔20〕 译者没有找到这项论述的出处。

〔21〕 引自 Nicholas D. Kristof, “The American Witness,” New York Times, March 2, 2005.

〔22〕 Charles L. Black Jr., A New Birth of Freedom: Human Rights, Named and Unnamed 133 (1999).

的，是指导致痛苦的行为——即使是一项拒绝行为，如拒绝减轻痛
苦的行为——是毫无依据的，即不正当的。从谁的角度看是不正
当的呢？毫不意外，这种行为，以及由此引起的痛苦，对于实施它 21
的人来说，可能是有正当理由的。但是他们的视角并不中肯
(relevant)。中肯的视角，应当来自那些将会面临这些痛苦的人，
来自那些决定必须做些什么，或者在可能的情况下必须尽力做些
什么来应对上述痛苦的人；在做这样的决定时，我们必须对这样的
痛苦是否有依据做出自己的判断。

我们现在能够看到，人权的道德性是如何为人权法提供基
础的；换言之，我们可以看到，对人权的道德性——每个人所拥
有的固有的且不可侵犯的尊严——的承诺，是如何为某种法律
化的权利(legislating certain rights)提供基础的——更准确地说，
是为法律化的某种权利主张(legislating certain rights-claims)提
供基础：我们如果承认人权的道德性，那么正因为我们承认之，
我们除了应当迫使(press)我们选出的代表，不要去做侵犯人权
或者使他人遭受无端痛苦的事情，还应当迫使他们，在立法上确
立这样的权利主张：关于为了保障人权而不可以做什么或者必
须做什么的主张。自"二战"结束以来，我们已经从中吸取了教
训，人权法是防止政府官员——以及其他人[23]——侵犯人权或 22

---

[23] 参见 Henry J. Steiner, "Human Rights: The Deepening Footprint," 20 Harvard Human Rights Journal 7, 9 (2007).

> 越来越多的国际规范和制度，开始超越国界，去对大量非政府主体加以规制，从政治组织和商业公司到普通的个人。他们直接地以国际法为依据来进行规制，通过条约来定义一些涵盖了政府和非政府的主体的国际犯罪行为，诸如反人道罪。他们也间接地且非常广泛地，要求缔约国保护他们的人民对抗非政府主体的侵权行为，且往往是通过条约来明确了什么样的非政府行为——比如歧视性就业，或者家庭暴力——国家必须对此予以禁止和反对。人权运动只指向政府行为的观点，无论其准确如何，充其量只属于一种历史上的观察。随着它的发展，在政府和非政府主体的意义上，人权法将不断消解长久以来存续的公私二分，以及只有前者才构成国际法规制调整对象的观念。

导致人们遭受无端痛苦的重要方法。

在此需要强调，“人权”是“人权主张”(human rights-claim)的简
称，一种以每个人固有的且不可侵犯的尊严为基础的，关于为了人
类不可以做什么或者必须做什么的主张。一项人权主张，典型地要
么是法律上的主张，要么是道德上的主张：如果这项主张是关于法
律所禁止或要求的内容，便是法律上的主张；[24]如果这项主张是关
23 于道德所禁止或要求的内容，便是道德上的主张。[25] 人权主张，包
括法律和道德上的，常常是普世的(universal)，因为对权利所指向的
对象，这些人权主张都详细规定了不可以对任何人(any human
being)做什么或者必须为每个人(every human being)做什么。但是，
人权主张并非总是普世的；例如，一项人权主张，不管是法律还是道
德上的，可能只规定了，对于某类人而言，不可以做什么或必须做什
么——比如儿童，或者是生活在一个富足社会的贫民们。

Ⅲ. 为什么自由民主国家会确立某些人权法

并非每个标榜自己为民主国家者，实际上都是民主国家。[26]

---

〔24〕 A不能对B做X这项法律主张，是一项法律上的权利主张，因为A具有法律上的责任(义务)不去对B做X，B享有法律上的权利使A不对他做X；同样地，A必须为B做Y这项法律主张，也是一项法律上的权利主张，因为A具有法律上的责任为B做Y，B享有法律上的权利使A为他做Y。

〔25〕 我在其他地方已经承认，对以“权利”术语来阐述道德主张的担忧。参见Perry, Toward a Theory of Human Rights, n. 6, at xii-xiii.

〔26〕 对民主的一种“适度的”(modest)——很遗憾，却是不完整的——定义，参见Andrew Koppelman, “Talking to the Boss: On Robert Bennett and the Counter-Majoritarian Difficulty,” 95 Northwestern U. L. Rev. 955, 956-57 (2001).

> (约瑟夫·)熊彼得[(Joseph) Shumpeter]……提出以下对民主的适度的定义：“民主的方式，是指个人通过竞争赢得人民的选票来获取进行决定的权利，从而达成政治决策的制度安排。”民众影响政治决策，是通过选举中的(转下页)

（东德的官方英文译名是德意志民主共和国；朝鲜的官方名称是朝鲜民主主义人民共和国。）[27] 真正的（true，authentic，genuine）民主国家，即自由民主国家，和虚假的（faux）民主国家[28]之间， 24

（接上页〔26〕）

> 投票实现的，而"除了通过拒绝再次选举他们或者支持他们成为议会多数以外，民众并不能以任何其他方式控制他们的政治领袖"。
>
> 政治人物很容易丢掉职位，除非持续地成功吸引选票。由此产生了政治人物关注选民们想要什么的动机。这项动机保证了，在一个民主国家，政府不会以激怒多数票群体的方式行动——或者说，如果政府这么做了，那么它也长久不了。

Joseph A. Shumpeter, Capitalism, Socialism, and Democracy (3d ed., 1950)。根据科普曼（Koppelman）的观点，"（约瑟夫·）熊彼得完全摆脱了对多数主义的模糊的感情主义理解……"Id., at 956. 另参见 Richard A. Posner, " Enlightened Despot," New Republic, April 23, 2007, at 53, 54："现代意义上的政治民主，意味着这样一种政府系统，即主要官员由相对短的周期的选举活动产生，因而能够对公民负责。"

关于民主更为充分且更为令人满意的解释，参见 Kenneth Roth, "Despots Masquerading as Democrats," in Human Rights Watch, World Report 2008 1, 5-6 (2008); Larry Diamond, The Spirit of Democracy 20-26 (2008).

〔27〕 参见 Roth, n. 26, at 7："随着缅甸军政府围捕抗议的僧侣并暴力镇压反对派，他们宣称需要'有纪律的民主'。中国一直以来推行的是'社会主义民主'，通过自上而下的温和主义方式消除少数派观点。"

〔28〕 或者，如一位研究民主的学者最近所称的"伪民主"（"pseudodemocracy"）。Diamond, n. 26, at 23. 参见 Associated Press, "Report Says Democracies Enable Despots," New York Times, January 31, 2008：

> 人权观察组织（Human Rights Watch）（今天）在年度报告中指出，独裁统治者在世界范围内对人权造成侵犯，并且不断背离之，原因很大程度在于美国、欧洲以及其他已经建立起民主政治的国家，接受了他们关于举行选举就是民主的主张。
>
> 国际人权监督者（international rights watchdog）说，由于无法要求冒犯者尊重他们公民的公民权利和政治权利以及关于真正民主的其他要求，西方民主国家正在承受着人权到处受到侵害的风险。
>
> 但人权观察组织的执行董事肯尼斯·罗斯（Kenneth Roth），在一份题为"伪装成民主主义者的独裁者们"（Despots Masquerading as Democrats）的报告中写道："甚至连独裁者也开始相信民主这一凭据是通往合法性的道路，这是一个希望的信号。"

25 是有区别的。什么是“自由”民主国家？并非每个人都能精确给出相同的答案，但是根据一个普遍——且有说服力的——解释(对此我深表赞同)，一个“自由”民主国家，指的是这样一类民主国家，首先，它承认每个人拥有固有的且不可侵犯的尊严这一命题；其次，
26 它承认特定的人权。〔29〕如果每个人拥有固有的且不可侵犯的尊严这一主张，在一个民主国家的政治文化中是不证自明的，这个民主国家就会承认上述命题；如果在一个民主国家的法律体系中，人权是作为基本法律权利而被承认和保护的，那么就承认了相应的

〔29〕 比如说，哲学家托马斯·内格尔(Thomas Nagel)写道：“‘自由主义’这个术语适用于很广泛的政治立场……但是所有的自由主义理论有一个共同点：在个人之上的国家主权，受限于这样一项要求：每个人在某些方面仍然是不可侵犯的……国家……受限于这样一种道德约束，即限制个人利益从属于集体意志和集体利益之内的全情形。”Thomas Nagel, “Progressive but Not Liberal,” New York Review of Books, May 25, 2006. 同样地，哲学家查尔斯·拉尔摩尔(Charles Larmore)提出：“除非诉诸一个更高的道德权威，即作为人彼此尊重的义务，否则我们对[自由]民主的承诺……就不能被理解。”Charles Larmore, “The Moral Basis of Political Liberalism,” 96 J. Philosophy 599, 624-25 (1999). Cf. Samuel Brittan, “Making Common Cause: How Liberals Differ, and What They Ought To Agree On,” Times Literary Supplement, September 20, 1996, at 3, 4:

> 可能格莱斯顿(Gladstone，英国政治家，曾作为自由党人四次出任英国首相——译者注)的外交政策演讲，可以检验读者是否是自由主义者。在(这样一个)选自19世纪70年代末米德洛锡安运动(Midlothian campaign)时期的演讲中，(格莱斯顿)提醒他的听众，“在全知的上帝眼中，冬雪覆盖下阿富汗山村里那些生命的圣洁性，与你我的是一样的，是不可侵犯的……相互关爱的法则，并不被这座岛屿的海岸线所阻断，也不被基督文明的边界所阻断；它在地球的整个表面传递着，它在无边的范围内以最伟大的爱拥抱最恶意的人们”。如此雄辩，尽管可能受到取笑。但任何嘲笑其基础内涵(underlying message)的人，都不是一个值得一提的自由主义者。

赫尔曼·梅尔维勒(Herman Melville)也说：“但是我所敬畏的尊严，不是国王和贵族的尊严，而是那些没有长袍授衔者的无尽尊严。你们将会看到，它会在挥舞着锄头或长钉的臂膀中闪耀；民主的尊严，从上帝本身向四面八方无尽地传播！全能的上帝！所有民主之中心和界限！他无所不在，成就了吾人神圣的平等！”Herman Melville, Moby Dick 126 (Penguin Classicsed. 1992).

人权。（这两项承诺是互相关联的，正如前文所述，承认每个人拥有固有的且不可侵犯的尊严，是确立人权法的主要理由——主要依据。）巧的是，大多数自由民主国家，包括美国，都将“特定的人权”（certain human rights），即在宪法中确立的人权，作为基本的法律权利，来加以承认和保护。[30]

在大多数自由民主国家，一些人权法律既（1）高于（文义上优 27
于）普通法律，且（2）不易更改——非常困难，有时候几乎不可能进行修订或者废除。这种法律的一个显著例子便是美国宪法，其通过自身条款规定，只有通过复杂的、绝对多数（supermajoritarian）的政治行为，才能作出修订。

> （在美国，宪法的）修订只有在国会和各州都达成绝对多数的修宪要求的情况下才被准许：宪法修正案的提出，须国会两院各 2/3 议员认为必要，或者根据全国 2/3 州议会的请求召开制宪会议提出，然后上述提案必须经全国的州议会或 3/4 州的制宪会议批准通过。这使得美国的宪法成为（全世界）最稳固的宪法之一。[31]

正是由于修正或废止一项已经确立的法律是如此之困难，才使得确立特定的人权意义重大。正如一位评论家在南非的民主政治转变过程中所观察到的，一项已确立的“权利法案……对整个后

---

〔30〕 由此，什么是自由民主国家所承诺的人权？或者说：什么样的人权——人权主张——是真正的自由民主国家承认的基本的法律权利主张？有兴趣的读者会发现《世界人权宣言》规定了、《公民权利和政治权利国际公约》中更详细陈述了，首要的自由—民主权利（以及其他权利）。关于这类权利的一个简明列表，参见 Diamond, 26, at 22.

〔31〕 Vicki C. Jackson & Mark Tushnet, Comparative Constitutional Law414 (1999).

种族隔离政权(post-apartheid regime)的合法性问题而言,是极为重要的。因为它强有力的象征意义,不仅为法律设置了一个平台,还将为政治领域中界定什么是合法或什么不是合法作出定
28 义”。[32] 这并不否认,在一个自由民主的国家中,那些没有被(宪法)列举的人权,对于保障个人尊严及其不受侵犯性,同样具有重要作用。举例来说,在美国很多重要的人权法律——比如1964年的《公民权利法案》(*Civil Rights Act of* 1964),[33]仅举此一例——就没有被列举在宪法中。但大多数自由民主国家,包括美国,通常都列举了——通过将其宪法化的方式——一些人权类型。

美国宪法主要有两种类型的条款组成:

> (1) 权力配置条款(power-allocating provisions):(a)建立全国政府——或者,更为典型的称谓是联邦政府——以及在三大分支机构——立法、行政和司法——之间配置权力(职权)的条款;以及(b)在联邦政府与州政府之间分配权力的条款;
>
> (2) 权力限制条款(power-limiting provisions):限制政府权力的条款。

29 大多数权力限制条款,比如宪法第八修正案对残酷且异常刑罚的禁止,[34]规定了,什么是如今我们所承认的人权。所以,尽管

---

〔32〕 Martin Chanock, “A Post-Calvinist Catechism or a Post-Communist Manifesto? Intersecting Narratives in the South Africa Bill of Rights Debate,” in Philip Alston, ed., Promoting Human Rights Through Bills of Rights: Comparative Perspectives 392, 394 (1999) (emphasis added).

〔33〕 《公民权利法案》(*The Civil Rights Act of* 1964, P. L. 88-352)的颁布,尤其是“为了实现宪法上的选举权……”

〔34〕 第八修正案:“不得索取过多的保释金,不得处以过重的罚金,或施加残酷且异常的刑罚。”

宪法不仅仅只是一部人权宪章，其仍然相当于人权的一部宪章。实际上，（美国）宪法，作为现代历史上最早的一部关于人权的全国性宪章，为之后许多类似的宪章带来了灵感，[35]包括加拿大的《权利和自由宪章》（*Charter of Rights and Freedoms of the Canadian Constitution*）（1982）[36]以及南非的《权利法案》（*Bill of Rights of the South African Constitution*）（1996）。[37]

美国宪法对于其所确立之人权的道德基础，保持了沉默。 30
因此，我们必须着眼于别处——首先且最重要的是《独立宣言》（*Declaration of Independence*），它确认了“所有人生而平等，造物主赋予其若干不可剥夺的权利，包括生命权，自由权，以及追求幸福的权利……”这些著名的词句，写于 1776 年，预示了人权道德性的双重主张：每一个人拥有固有的且不可侵犯的尊严。查尔斯·布莱克（Charles Black）坚持认为：“无论《独立宣言》本身是否成为法律，它作为法律的基础，作为法律的给养，仍然是适当的。”[38]

---

〔35〕 参见 William J. Brennan Jr.，“The Worldwide Influence of the United States Constitution as a Charter of Human Rights，” 15 Nova L. Rev. 1(1991).

〔36〕 加拿大《权利和自由宪章》是 1982 年《加拿大宪法》的第一部分。

〔37〕 南非的《权利法案》是 1996 年《南非共和国宪法》的第二章。参见 Christina Murray，“A Constitutional Beginning：Making South Africa's Final Constitution，” 23 U. Arkansas at Little Rock L. Rev. 809（2001）；Chanock，n. 29。她的论文中还提到了一些有趣的细节：

> 1997 年 3 月，七百万份口袋书大小的新宪法散布到整个南非。其中四百万份发到了高等学校，两百万份发到了邮局，另外一百万份发到了警察局、军队、监狱以及民间组织。这些宪法文本有十一种官方语言版本，并且附上了图解指南《你和宪法》，通过三十页图文并茂的内容，对宪法进行了介绍。

Murray，supra，at 837.

〔38〕 Black，A New Birth of Freedom，n. 22，at 8.

附录：美国宪法确立了哪些人权？

美国宪法确立了哪些人权？更准确地说，“我们合众国人民”——用美国宪法序言中的话来讲，“特为美利坚合众国制定和确立本宪法”——宪法化了并因此而确立了哪些人权？

31 宪法原文——1787 年起草并在 1789 年生效——仅包含了三项符合相关特征的法律主张：关于政府不能做什么或必须做什么的主张，目的在于防止政府侵犯人民或者使之遭受无端的痛苦。即针对国会的第 1 条第 9 款规定：

> 不得中止人身保护状之特权，除非发生内乱或外患时公共安全要求中止这项特权。
>
> 不得通过公民权利剥夺法案或追溯既往的法律。

第 3 条第 3 款规定：

> 国会有权宣布对于叛国罪的惩处，但因叛国罪而被褫夺公权者，其后人之继承权不受影响，叛国者之财产亦只能在其本人生存期间被没收。

其余符合相关特征的法律主张，主要体现在 1791 年《权利法案》(Bill of Rights)和其他修正案中。[39]《权利法案》由前十项宪

---

〔39〕 然而，并非所有《权利法案》中的权利(权利主张)都符合相关特征；并非所有《权利法案》中的权利都是现代意义上的人权。比如，《权利法案》在第七修正案提到：“在普通法的诉讼中，其争执价值超过 20 元，由陪审团审判的权利应受到保护……”现在我们不会有人认为，诉争标的数额为 20 美元——甚至 2 千万美元——的民事案件由陪审团而不是法官审判的权利，是一项人权。

法修正案组成。[40] 虽然《权利法案》仅指向联邦政府而非州政府， 32
但随着宪法第十四修正案的出台，《权利法案》中最重要的一些条款亦可适用于各州，《权利法案》如今构成了宪法的基石。[41] 所以，不仅联邦政府，州政府也不得（做出那些宪法所禁止的行为），尤其是禁止宗教活动自由，限制言论自由，或者实施残酷且异常的惩罚。[42]

南北战争之后的三项修正案——宪法第十三、十四和十五修 33
正案——包含了重要的人权条款。按照第十三修正案（1866）：

> 在合众国境内或受合众国管辖的任何地方，奴隶制和强迫劳役都不得存在，但作为对依法判罪者犯罪之惩罚，不在此限。

---

〔40〕 然而，第十修正案——规定了"本宪法未授予合众国、也未禁止各州行使的权力，保留给各州行使，或保留给人民行使之"——是关于联邦政府和州政府之间的权力分配。

丹尼尔·法布尔（Daniel Farber）一如其他一些宪法学者，将第九修正案——规定了"本宪法对某些权利的列举，不得被解释为否定或忽视由人民保留的其他权利"——解读为对人权的保护。参见 Daniel A. Farber, Retained by the People: The "Silent" Ninth Amendment and the Constitutional Rights Americans Don't Know They Have (2007)。然而，由于历史原因，法布尔的解读是非常具有争议的。参见 Kurt T. Lash, "A Textual-Historical Theory of the Ninth Amendment," Stanford L. Rev. (forthcoming, 2007)。我在本书中并没有假设第九修正案保护某类人权。实际上，联系第十四修正案的第 1 款，正如我在第四章中提到的，我们没有必要将第九修正案解读为对某类人权的保护。

〔41〕 正如我在其他地方解释过的，如果一项宪法原则（constitutional doctrine）设置精良（well-settled），并且没有明显推崇——尤其是在政治精英中——放弃这种原则的情形，这项宪法上的原理就构成宪法的基石。参见 Michael J. Perry, We the People: The Fourteenth Amendment and the Supreme Court 19-23 (1999)。

〔42〕 第十四修正案，尤其是，《权利法案》中最重要的一些条款应当适用于州政府，支持这一主张的最有力的论述，参见 Michael Kent Curtis, No State Shall Abridge: The Fourteenth Amendment and the Bill of Rights (1986)。

按照第十四修正案(1868)：

任何一州，都不得制定或实施限制合众国公民的特权或豁免权的任何法律；不经正当法律程序，不得剥夺任何人的生命、自由或财产；对于在其管辖下的任何人，亦不得拒绝给予平等法律保护。

按照第十五修正案(1870)：

合众国公民的投票权，不得因种族、肤色或曾被强迫服劳役而被合众国或任何一州加以剥夺或限制。

其他包含了人权条款的修正案都涉及选举权。宪法第十九修正案(1920)重申了第十五修正案：

合众国公民的选举权，不得因性别而被合众国或任何一州加以剥夺或限制。

按照宪法第二十四修正案(1964)：

在总统或副总统，总统或副总统选举人或国会参议员或众议员的任何预选或其他选举中，合众国公民的选举权不得因未交纳人头税或其他税而被合众国或任何一州加以剥夺或限制。

按照宪法第二十六修正案(1971)：

年满 18 岁或 18 岁以上的合众国公民的选举权，不得因为年龄而被合众国或任何一州加以剥夺或限制。[43]

---

〔43〕 虽然宪法中的人权条款保护了公民，但是宪法中权力配置条款(关于联邦政府三大分支机构之间的权力分配，以及联邦政府与州政府之间的权力分配的条款)也以自己的方式，间接地保护了公民。参见，例如 J. Harvie Wilkinson III, “Our Structural Constitution,” 104 Columbia L. Rev. 1687 (2004).

第二章　宪法人权、最高法院与塞耶谦抑主义

菲利克斯·法兰克福特(Felix Frankfurter)称他的老师[詹姆斯·布拉德利·塞耶(James Bradley Thayer)]为“宪法学大师”(our great master of constitutional law)。他说,“塞耶影响了霍姆斯(Holmes)、布兰代斯(Brandeis)、勒尼德·汉德(Learned Hand)、奥古斯都·汉德(Augustus Hand)* 等人。如果让我推荐一篇关于美国宪法的佳作(当然这是相当困难的),我会选择塞耶的《美国宪法原则的起源与范围》(*The Origin and Scope of the American Doctrine of Constitutional Law*)(此文发表在《哈佛法律评论》(*Harvard Law Review*)1893 年 10 月刊中,共 26 页)。为什么?因为在我看来,本书对法官而言具有重要的指导作用,同时也是帮助除法官以外的人理解司法机关部门在宪法问题上的立场的重

---

* Learned,是指勒尼德·汉德(Learned Hand,1872 年 1 月 27 日—1961 年 8 月 18 日),他被公认为是美国最高法院三位大法官马歇尔、霍姆斯、卡多佐之外的最有影响力的法官,在侵权法领域提出了著名的汉德公式。Augustus,是指奥古斯都·诺布尔·汉德(Augustus Noble Hand,1869 年 7 月 26 日—1954 年 8 月 28 日),他是著名的勒尼德·汉德法官的堂兄,曾先后在纽约南部的联邦地区法院和联邦第二巡回上诉法院担任法官。——译者注

要文章。"[1]

我在上一章已论述了，为什么一个自由民主国家会在宪法中确 36
立人权法这样一个问题。但是，授权法院来保障（实施）宪法中确立
的人权法，对于一个自由民主的国家是否有利，则是另一个问题。
"一国的宪法可以包含明确的权利条款，但也可以将对这些规则的
解释留给民主决策程序（democratic decision making），而事实上很多
国家就是这么做的。"[2]那么为什么一个自由民主的国家会一方面
确立一些规范，但另一方面又不授权她的法院来保障这些规范呢？
阿尔伯特·韦恩·戴雪（Albert Venn Dicey）在《英宪精义》（*An
Introduction to the Study of the Law of the Constitution*，1885）中已
作出了回答：法兰西宪法内对议会权力的限制，事实上并非法律，因
为这些规则的最后手段（the last resort）都不掌控在法院手中。它们
的真实属性是一种政治道德准则（maxims of political morality），它们 37
的力量，来源于被正式载入了宪法，来源于公共舆论的支持。[3] 即
使是法院没有被授权来保护这些宪法权利（或者，事实上，即使是法

---

[1] Leonard W. Levy, "Editorial Note," in Leonard W. Levy, ed., Judicial Review and the Supreme Court: Selected Essays 84 (1967). 保罗·卡恩(Paul Kahn)说道：

> 在最初从事法律工作以及后来任教于哈佛大学的三十年里，塞耶都是奥利弗·温德尔·霍姆斯(Oliver Wendell Holmes)的挚友和同僚。路易斯·布兰代斯(Louis Brandeis)则是塞耶的学生，而菲利克斯·法兰克福特(Felix Frankfurter)虽然没有在哈佛大学受教于塞耶，也被公认为颇受其影响。对于塞耶最为著名的宪法学论文《美国宪法原则的起源与范围》，霍姆斯写道："我对此深表赞同，这恰恰暗含了我在处理宪法问题时与其他一些法官所不同的立场。"

Paul Kahn, Legitimacy and History: Self-Government in American Constitutional Theory 84 (1992).

[2] Larry A. Alexander, "Constitutionalism," in Martin P. Golding & William A. Edmundson, eds., The Blackwell Guide to the Philosophy of Law and Legal Theory 248, 255 (2004).

[3] 引自 James B. Thayer, The Origin and Scope of the American Doctrine of Constitutional Law, 7 Harvard L. Rev. 129, 130 (1893).

院被授权这么做了),宪法人权(constitutionally entrenched human rights)——作为一种“政治道德准则”——也可以作为政治共同体中尽心政治—道德判断的共享的基础。[4]

然而,现在的自由民主国家通常都授权法院来保障宪法人权。[5] 对于自由民主国家而言,这是适当的吗?——通盘考虑,
38 这是一个好主意吗?[6] 我曾在其他的论著中就该问题作出过肯定的回答,在此无须再赘述。[7] 更重要的,也是更困难的问题是:法院在保护宪法所确立的人权方面,拥有的权力究竟有多大?尤其是,法院能否在系争法律是否违反人权这一问题上作出最终定

---

〔4〕 参见 Michael J. Perry, Moralty, Politics, and Law 153 et seq. (1988).

〔5〕 澳大利亚和新西兰是例外。关于支持澳大利亚现行做法的论述,详见 James Allan, “A Defense of the Status Quo,” in Tom Campbell et al., eds., Protecting Human Rights: Instruments and Institutions 175 (2003)。也可参见 James Allan, “Rights, Paternalism, Constitutions and Judges,” in Grant Huscroft & Paul Rishworth, eds., Litigating Rights: Perspectives from Domestic and International Law 29 (2002)。关于反对澳大利亚现行做法的论述,参见 Dianne Otto, “Addressing Homelessness: Does Australia's Indirect Implementation of Human Rights Comply with Its International Obligations,” in Campbell et al., Protecting Human Rights。关于新西兰应当构建司法审查体系的争论,参见 Andrew S. Butler, “Judicial Review, Human Rights and Democracy,” in Huscroft & Rishworth, supra this note, at 47。也见于 G. W. G. Leane, “Enacting Bills of Rights: Canada and the Curious Case of New Zealand's ‘Thin’ Democracy,” 26 Human Rights Quarterly 152 (2004)。But Cf. James Allan, “The Effect of a Statutory Bill of Rights where Parliament is Sovereign: The Lesson from New Zealand,” in Tom Campbell et al., eds., Sceptical Essays on Human Rights 375 (2001).

〔6〕 这一问题与以下问题是不同:整体上看来,一个自由民主国家授权法院保障那些除了人权条款以外的宪法条款,是否是一个好的选择,在美国,这样的条款包括,分权条款(separation-of-powers norms)(将权力分散在三个行政分支中)或者联邦制条款(federalism norms)(在联邦政府和州政府之间的分权条款)。参见 Jesse Choper, Judicial Review and the National Political Process: A Functional Reconsideration of the Supreme Court (1980).

〔7〕 参见 Michael J. Perry, Toward a Theory of Human Rights: Religion, Law, Courts, 90 et seq. (2007).

论(the last word,这是如下这种几乎不可能的情况的简称：成功的、以绝对多数的努力,来修改或废除作为法院判决之基础的既定规则)？我在其他著作中曾论述过,法院不应当具有如此重大的权力;司法权力在保障宪法人权时应当是“次终极性”(penultimacy)的,而非“终极性”(ultimacy)的：其有权作出的不应是最终定论,而只是次终局结论(penultimate word)——例如,一种仍可能通过
普通立法程序(ordinary legislation)来推翻的论断。[8] 加拿大在 39
1982 年、英国在 1998 年(二者之间仍有区别)分别采取了次终极性司法体系[a system of judicial penultimacy,也有学者称“Weak-form Judicial Review”(弱司法审查模式)——译者注]。[9]

然而在美国,最高法院的司法权具有终极性：当法院认定一部法律违宪时,州的立法机关,甚至是国会,都无法通过普通立法程序来推翻这一论断;这一决定只能在之后由最高法院自行推翻,或者通过特别的、绝对多数立法程序、以修宪的方式来推翻。[10] 由此产生了一个重要的问题。

如果美国最高法院拥有终极性的司法权力,那么法院在行使此项权力来保障宪法人权时,是否应当持相对谦抑的(deferentially)态

---

〔8〕 参见 id., at 98-102.

〔9〕 参见 id., at 99-101(加拿大)& 113-17(英国).

〔10〕 司法至上(judicial supremacy)原则不应与以下这一极具争议的原则相混淆,即现在最高法院所似乎采纳的司法排他性(judicial exclusivity)原则。法院似乎不仅成为宪法含义的最高的阐释者,甚至是排他的阐述者。参见 Larry D. Kramer, “Foreword: We the Court,” 115 Harvard L. Rev. 4 (2001); Robert C. Post & Reva B. Siegel, “Protecting the Constitution from the People: Juricentric Restrictions on Section Five Power,” 78 Indiana L. J. 1(2003).

如果立法者认为现行法律违宪,他们可以通过投票的方式废止这部法律,即便最高法院不认为它违宪;同样的,如果立法者认为拟议法律涉嫌违宪,他们可以拒绝通过这部法律,即便法院认为它不会违宪。

40 度？换言之，在声称某法律违反宪法人权的案件中，最高法院应否仅审查一个相反的命题（counterclaim），即是否有理由相信该法律没有侵害宪法权利，如果答案是肯定的，则支持这项法律？抑或，采取一种非谦抑的（nondeferentially）态度，法院应否径行审查该法律是否侵害到基本权利，如果答案是肯定的，则推翻这项法律？

若一个理性、信息全面（well-informed）、深思熟虑的人能确信一部法律没有侵害宪法权利，那么这一判断就是合理的。正如塞耶所说，“法官所讲的……合理怀疑，是指滞留在一个有能力、受到正确引导的，并且谨慎运用自己的能力来应对问题的人的脑海中的合理怀疑。我们所说的能够合理容许的观点，正是指能够被这样的人合理容许的观点。”〔11〕

此处的选择正如在两种不同的司法态度或司法导向（judicial attitudes or orientations）中作出选择一样。对于一位采取谦抑态度的法官（也就是谦抑导向的），如果主张系争法律没有侵犯基本
41 权利是合理的，她就判定该法律没有侵犯宪法人权。〔12〕相反，对于一位并不接受谦抑主义的法官，如果在她看来系争法律侵犯了宪法权利（即便主张该法律没有侵害宪法权利也是合理的），她就判定该法律侵犯了人权。

关于司法谦抑主义（judicial deference）最为著名和最有影响力的论述，在我看来，出现在18世纪最后十年，是塞耶发表在《哈佛法律评论》（*Harvard Law Review*）上的《美国宪法原则的起源与范围》一文。〔13〕即使到现在，21世纪的头十年，在论证法院（包

---

〔11〕参见 Thayer, “The Origin and Scope of the American Doctrine of Constitutional Law,” n. 3, at 149.

〔12〕参见 id., at 150：对于各种各样的问题，法院并不能说只有一种正确的和被允许的解释宪法的方式。

〔13〕参见脚注〔3〕。一般地，参见“One Hundred Years of Judicial Review: The Thayer Centennial Symposium,” 88 Northwestern U. L. Rev. 1-468(1993).

括最高法院)应谦抑地行使其权力来保障宪法条款时,塞耶的文章仍然是最常被引用的论据。

> 只有当立法者不仅犯了错误,而且该错误已经明显到不足以构成一个合理问题(not open to rational question),(法院)才能选择拒绝这项(系争)法令。这是法院审查立法机关的法令时应采取的职责基准;这项基准,不仅适用于法院的合宪性判断本身,而且适用于如下问题:由宪法赋予制定义务 42
> 的另一个部门可以就此作出什么样的判断。这项规则,是考虑到政府总是面临这一个庞大的、复杂的、未知的突发事件,很多在某个人或者某个团体看来违宪的事务,在另一些人看来,则可能是合理的。宪法总是允许多种解释的存在;以及一系列的选择和裁判(a range of choice and judgment)。这种情况下,宪法并不要求立法机关仅采取某一特定主张,而是为这一系列的选择预留了空间;无论何种选择,只要是合理的,便具有合宪性。[14]

---

〔14〕 Thayer, "The Origin and Scope of the American Doctrine of Constitutional Law," n. 3, at 144.

对于塞耶而言,谦抑主义的进路,适用于联邦法院审查联邦行为是否符合联邦宪法,也适用于州法院审查州行为是否符合联邦宪法或州宪法;但并不适用于联邦法院审查州行为是否符合联邦宪法的情形,在这种情形下(根据塞耶的观点),非谦抑主义的路径是合适的。参见 Thayer, "The Origin and Scope of the American Doctrine of Constitutional Law," n. 3, at 154-55。但此种区分似乎并无太大意义。参见 Sanford Gabin, Judicial Review and the Reasonable Doubt Test 5 (1980):"不同于塞耶的观点,合理怀疑基准,不仅应适用于对所有联邦法律的审查,也应适用于对所有州法律的审查。"大部分研究塞耶式司法角色定位的人们,并没有注意到这项区别。如参见 Alexander M. Bickel, The Least Dangerous Branch: The Supreme Court at the Bar of Politics 35-46 (1962); Wallace Mendelson, "The Influence of James B. Thayer upon the Work of Holmes, Brandeis, and Frankfurter," 31 Vanderbilt L. Rev. 71 (1978);另参见 Charles L. Black Jr., Decision According to Law 34-35 (1981)。即便是塞耶最著名的继承者法兰克福特,也未注意到这项区别。参见 West Virginia State Board of Education v. Barnette, 319 U. S. 624, 661-62, 666-67 (Frankfurter, J.,异议意见) (1943)。

43　塞耶在论证司法谦抑主义(或者如亚历山大·比克尔(Alexander Bickel)所谓的"明显错误原则"[15])时,并没有说立法者通常比法官能更好地处理宪法问题。塞耶仅仅认为,在美国这样一个秉持民主政治的国家,公民(citizens)才掌有最终的政治主权(ultimate political sovereign),因此,只有公民而非法官,才能通过他们选出的代表,来对宪法上的争议作出最终的回答——只要他们的答案是合理的。否则,"人们无从行使人民主权(popular sovereign)"。[16]

进而,塞耶认为,如果法院在捍卫宪法规范时不采用谦抑的态
44　度,将会破坏人民以及他们的代议者尽职审议宪法争议的能力。塞耶在《约翰·马歇尔》(*John Marshall*)一书中详尽阐述了这一观点。

> 即便在不得不实施的情况下,司法审查也总是伴随着一个严重的后果(a serious evil),即对于立法谬误(legislative mistakes)的纠正总是来自外部,人民因此丧失了本可以从以常规方式(in the ordinary way)来解决问题、来纠正错误中获得的政治实践、道德教育和激励。不幸的是,平常而简单地对待这项重大功能的倾向,现在甚至是被过于平常地对待,矮化

---

〔15〕 参见 Bickel, n. 14, at 34-46.

〔16〕 Kahn, n. 14, at 87. 卡恩对于塞耶观点的评论,参见 id., at 85-89.

剑桥大学出版社的这本书的一位读者写到,有一点仍旧是不清晰的,即就我看来,塞耶司法谦抑主义观点"本身是否就是一种对宪法的解释。如果是的话,那么关于得出塞耶立场的解释过程,并没有得到说明。……'塞耶'谦抑主义,是否具有原旨主义或文本主义的论据?"我并没有把塞耶的观点理解为——并且本书也没有把塞耶的观点表述为——对宪法的解释。然而,关于是否存在一种对塞耶谦抑主义的原旨主义论据——塞耶关于宪法第三条"司法权力"之解读的原旨主义论据——是一个有趣的问题,但并不是我此处谈到的问题。

> 着人民的政治能力，麻木着人民的道德责任感。……只有当法院严格地恪守自己的职责时(adhering rigidly to its own duty)，……才能够让人民以及他们的代议者承担起他们自己的职责。〔17〕

关注美国司法审查的许多当代学者也认同塞耶的观点。如比 45
克尔写道："这是对司法功能的探究……法院功能的削弱，不会剥夺其他部门的尊严和它们自身的责任，并由此降低它们履行职责的水平。"〔18〕

现在看来，法院追问系争法律是否侵害其所涉及的宪法权利，和追问系争法律未侵害宪法权利的主张是否具有合理性，是有明显区别的，而且在很多情况下，这一区别非常重大。但这并不因此

---

〔17〕 James Bradley Thayer, John Marshall 106-07, 109-10 (1901). 另参见 Thayer, "The Origin and Scope of the American Doctrine of Constitutional Law," n. 3, at 155-56。基思 · 惠廷顿(Keith Whittington)提到：

> 到19世纪晚期，最高法院表现得越来越积极，塞耶认为此种变化"将使立法机关逐渐失去责任心和荣誉感。……当宪法问题产生时，立法机关中一个很常见的说法就是'噢，法院会搞定它的。'"法院"也以种种行为鼓励此种看法，"但塞耶提醒道，此种自鸣得意的做法将导致对"立法权的重要性和司法权的有限性(how great is legislative power, and how limited is judicial power)"的忽视。

Keith E. Whittington, Political Foundations of Judicial Supremacy 138 (2007) (引自 James Bradley Thayer, "Constitutionality of Legislation: The Precise Question for a Court," The Nation, April 10, 1884, at 315).

〔18〕 Bickel, n. 14, at 24(强调为译者所加)。Cf. Allan C. Hutchinson, "Waiting for Coraf (or the Beatification of the Charter)," 41 U. Toronto L. J. 332, 358 (1991)："在对批准宪章(CORAF)的无尽等待中，我们所能做的只有等待；这教给人民的只有奴性和谄媚的姿态。这种对依赖性的习以为常，是对民主精神的亵渎。真正的民主自决即便存有不确定的风险，也要远好过高高在上的权威者带来的平淡无奇的安全。"一个近期的但同样具有批判性的观点来自哈钦森，参见 Allan C. Hutchinson, "Supreme Court Inc: The Business of Democracy and Rights," in Gavin W. Anderson, ed., Rights & Democracy: Essays in UK-Canadian Constitutionalism 29 (1999).

否认，合理与否——包括系争法律没有侵害其所涉及的宪法权利的主张合理与否——是一个度的问题(a matter of degree)。当然，我们不能指望每一个秉持谦抑主义的法院能在区分合理与不合理时采取完全相同的基准——或者，因此在个案中以同样的方
46 式判断。塞耶谦抑主义并不是一种审查的方法(algorithm)，而是，如前所述，一种司法态度或司法导向。(我将会在下一章的最后部分接着阐述这一观点。)作为塞耶主义的一位解读者，桑福德·盖宾(Sanford Gabin)这样阐释：

> 如同所有的向导(guideposts)一样，塞耶的规则不足以自行(self-applying)。即便受限于实施规则，法官，就像刑事陪审团，对于哪些因素可构成合理怀疑仍旧会产生分歧；合理怀疑的可能性以及构成要素，不会无论合理程度如何，都能同样地打动所有人。因此，即便采用塞耶式的规则，法官决策的自由与负担仍然存在。[19]

然而，"司法裁量的自由受到限缩(narrowed)，这就是塞耶的目的。他希望在并不削减司法责任和审查负担的前提下，限缩司法裁量的空间。"[20]

为了阐明"审查责任与负担"，塞耶写道："一旦争议被呈递至法官面前，法院就成为一个最终的裁判者(ultimate arbiter)，来决断什么是合理的和可允许的。这让法院拥有了重大且庄严的审判权。但如果审判权不断扩张，将会极大地危及其本身。法院永远

〔19〕 Gabin, n. 14, at 45-46.

〔20〕 Id., at 46.

都不要试图涉足立法者的领域……"[21]作为美国公民，我们是否 47
应该使最高法院接受塞耶的观点，在行使塞耶所定义的"重大且庄严的审判权"时，适度地扮演审判者的角色？也就是说，我们是否应该使法院谦抑地行使终极性的司法权（power of judicial ultimacy）；在主张系争法律并未侵害声称受到了侵犯的宪法人权具有合理性时，法官们应该对此表示尊重？[22] 对于现今的美国而言，哪一种做法才可能对我们更有利呢？[23]

> 在一个司法"终极性"的体系内，最高法院秉持谦抑（塞耶式的）的立场，来行使其权力保障宪法确立的人权？
>
> 还是法院在此种体系内，以非谦抑立场行使权力？

到目前为止，我对塞耶谦抑主义的阐述还是相当抽象的：仅 48
凭此还远不能清楚地展现，在分析涉及人权争议的案件时，塞耶谦抑主义是如何运用的。本书下一部分（第三至五章）所要实现的两大重要目标之一，就是通过塑造个案中正确理解和支持塞耶谦抑主义的司法分析，更具体地详述塞耶谦抑主义。由此，我们可以从

---

〔21〕 Thayer, "The Origin and Scope of the American Doctrine of Constitutional Law," n. 3, at 152.

〔22〕 我在他处已经论证，为什么塞耶的观点，对于司法权力只具有"次终极性"的国家（如加拿大）而言，作用是微弱的。参见 Perry, Toward a Theory of Human Rights, n. 7, at 105-06.

〔23〕 "对于美国而言"这个限定词是重要的。Cf. Richard A. Posner, "Review of Jeremy Waldron, *Law and Disagreement*," 100 Columbia L. Rev. 582, 592 (2000):

> 没有理由去假定这个问题（美国式的司法审查模式是否是一种好的选择），能够在两个不同国家中，通过相同的方式得到解决，即便这两个国家使用相同的语言，并具有相同的法律和政治背景。这取决于各种各样的经验性事实，以及涉及两国政治法律文化背景及其法官、立法者职业经历等审判中无法衡量的因素。

一个更好地角度来考虑上一段结尾处所提出的问题。

如果我们了解了塞耶谦抑主义对于宪法人权保障的意义，我们就能从一个更好角度来回答这样一个问题——评价塞耶谦抑主义“全面考虑所有情况”(all-things-considered)的诉求。本书下一部分的第二个重要目的，就是部分揭示这些意义。我将特别在三个极具争议性的问题中，阐述谦抑主义意味着什么，它的意义何在：死刑的合宪性问题(第三章)、各州拒绝将法律保障延伸至同性结合领域的合宪性问题(第四章)以及各州禁止在胎儿独立存活期前堕胎的合宪性问题(第五章)。塞耶谦抑主义在这三个问题——至少第二和第三个问题，正处于当前文化战争的中心——
49 中体现的意义，是否动摇了以下这个命题：最高法院在行使司法权保障宪法确立的基本人权时应当践行塞耶谦抑主义？又或者是支持了这一命题？

本书的结论部分(第六章)，在更具体地详述了塞耶谦抑主义的内涵并揭示其对于一些宪法人权的意义后，又回到了本书的核心问题(question-in-chief)：

> 在行使保障宪法人权的重大权力中，最高法院是否应当谦抑行事；换言之，在声称某法律违反宪法人权的案件中，最高法院应否仅审查一个相反的命题，即是否有理由相信该法律没有侵害宪法权利，如果答案是肯定的，则支持这项法律？抑或，采取一种非谦抑的态度，法院应否径行审查该法律是否侵害到基本权利，如果答案是肯定的，则推翻这项法律？

在继续之前，应当首先阐明一个问题。判断一部法律是否违反宪法条款——例如宪法第八修正案关于禁止残酷且异常的刑罚的条款——包含两个不同的问题：(1)该条款确立了哪种宪法权

利(或者其他规范)?(或者,根据我下一章将要讨论的原旨主义进 50
路的宪法解释:该条款原本试图确立何种宪法权利?)(2)该法律是否侵犯了这一宪法权利?正如我在这本书中所阐述的,塞耶谦抑主义仅关注第二个问题。在许多的宪法案例中,争议较多的问题并不是宪法条款确立了怎样的基本权利,而是系争法律是否侵犯了由该条款所确立的宪法权利。这或者是因为,在多数宪法案例中,宪法条款确立了怎样的宪法权利并不会引起严重分歧,又或者即使存有分歧,长期以来形成的先例也逐渐地解决了这一问题。因此在本书中,我关注的焦点在于法官——尤其是最高法院的法官——在处理第二个问题时是否应践行谦抑主义:法官是否应该追问系争法律是否侵害其所涉及的宪法权利?或者,他们是否应该仅仅追问系争法律未侵害宪法权利的主张是否具有合理性?〔24〕

---

〔24〕 Cf. Mitchell N. Berman, "Constitutional Decision Rules," 90 Virginia L. Rev. 1, 102-04 (2004):"(塞耶谦抑主义,)如果存在的话,将在适用(applying)宪法含义,而不是产生(deriving)宪法含义——的层面找到一个更合适的归宿。"

在本章中,我将阐述两个问题:其一,死刑是否违宪?其二,最高法院应不应当判定其违宪?这两个问题不能混为一谈:除非对第一个问题给出肯定答案,否则对第二个问题给肯定回答,是毫无意义的;但是,如我在本章中所阐述:对第一个问题给出肯定回答时,却对第二个问题给出否定回答,则是意义重大的。

52

Ⅰ. 原旨主义,赞同;斯卡利亚,反对

宪法第八修正案对州政府及联邦政府均有约束力,[1]其载明:"不得要求过多的保释金,不得苛以过重的罚金,不得施加残酷且异常(cruel and unusual)的刑罚。"那么死刑是否可归属于第八修正案所谓"残酷且异常"的刑罚,从而判定其违宪呢?

宪法序言写道:"我们合众国人民……特为美利坚合众国制定和确立本宪法。"亦即,宪法文本是我们人民的文本;这是他们的(their)文本,是他们对于社会命令的成文化的表达(written communication)。序言中的"我们人民"指的是谁?既不是指那

---

〔1〕 Furman v. Georgia, 408 U.S. 238, 239 (1972)强调了对于宪法施行而言最为重要的第十四修正案以及适用于各州的第八修正案。参见第一章,脚注〔38〕。

些拟定、起草(drafted)宪法文本(或部分文本)的人，也不是指投票批准宪法生效的代表们；而是指起草者与投票者所代表的公民们(citizens)。正如序言所指出的，宪法文本是他们的文本。同样的，《权利法案》是那些在1789—1781年间，选举代表为其投票的公民们“制定和确立”的《权利法案》；而宪法第十四项修 53
正案也是那些在1866—1868年间，通过选举代表，来投票批准的公民们的宪法修正案。依此类推，均是如此。

所以，如果要判定，死刑是否属于第八修正案中所指的“残酷且异常”的刑罚，取决于人民在1789—1791年所宪法化(在宪法上确立)的“不得施加残酷且异常的刑罚”的含义。第八修正案禁止残酷且异常的刑罚条款，是他们的文本，是他们对一项命令的成文化表达。我们无从获知，处以死刑是否违反他们关于不得施加“残酷且异常”的刑罚的命令，除非我们明白“残酷且异常”对于他们意味着什么。而他们关于文本的理解，就是现在常说的(now-common)“原初的”理解与含义(original understanding or meaning)。[2]

---

〔2〕 参见如 Robert H. Bork, The Tempting of America: The Political Seduction of the Law 144 (1990); Vasan Kesavan & Michael Stokes Paulsen, The Interpretive Force of the Constitution's Secret Drafting History, 91 Georgetown L. J. 1113, 1144-45 (2003); Randy E. Barnett, Restoring the Lost Constitution: The Presumption of Liberty 90-93 (2004); Keith E. Whittington, The New Originalism, 2 Georgetown J. L. & Public Policy 599 (2004); Ilya Somin, 'Active Liberty' and JudicialPower: What Should Courts Do to Promote Democracy? 100 North-western U. L. Rev. 1827 (2006).

似乎我们几乎都是原旨主义者。如参见 Jack M. Balkin, "Abortion and Original Meaning," 24 Constitutional Com-mentary (2007); available at http://ssrn.com/abstract= 925558。另参见 Mitchell N. Berman, Originalism Is Bunk (2007), available at http://ssrn.com/abstract =1078933。原旨主义者并不是都采用相同版本的原旨主义。主张基思·惠廷顿(Keith Whittington)版本原旨主义者，被称为“新立法原旨主义”，这是最具说服力的原旨主义版本。(转下页)

54 遗憾的是，得以保留下来的历史记录中，均没有揭示人民在1789—1791年间，可能是如何理解第八修正案所指的“残酷且异常的”。不过一份记载了1789年8月17日美国国会讨论记录的报告显示，当议员们为《权利法案》激烈辩论时，涉及了有关第八修正案的内容：

> 南卡罗来纳州的史密斯先生(Mr. Smith)不建议使用“残酷且异常的刑罚”这一表述；因其含义过于不确定。

55

> 利弗莫尔议员(Mr. Livermore.)指出，这一条款显示出了对人性的尊重，对此，我并不反对；但它看起来是毫无含义的，我并不认为它是必要的……
>
> 这一疑问存于该款中，但该条款还是以明显多数(considerable majority)通过了。[3]

(接上页〔2〕)

> 新原旨主义者，并不完全局限在宪法文本的个别起草者的具体意图上，而是更多地关注宪法文本通过时的公共含义(public meaning)。……是赋予文本权威的公众，而不是起草它的特定的个人，通过了宪法文本。这并不是说，历史的起草过程是无关紧要的，对于文本是如何被理解的，特别是文本语言所体现的选择，它可以提供重要线索。但是要恢复宪法的原初含义，它不是唯一重要的。同样，詹姆斯·麦迪逊(James Madison)一封私藏信件被发现，透露了一个“秘密”：对于一个仅仅关注通过文本者对文本的理解的原旨主义者而言，几乎不能理解宪法条款的真正含义。宪法，不是私人性的合谋(private conspiracy)。Whittington, supra, at 610-11.

在本章中我将阐述为什么安东尼·斯卡利亚(Antonin Scalia)宣称的原旨主义，假设他是一名原旨主义者，并不是谦抑的，但是，斯卡利亚是否真的是一名持原旨主义者？对此持否定答案者，参见Randy E. Barnett: Scalia's Infidelity: A Critique of Faint-Hearted Originalism, 75U. Cincinnati L. Rev. 7 (2006).

〔3〕 The Founders Constitution 377 (1987) (House of Representatives, Amendments to the Constitution, 17 August 1789).

现在我们知道，正如威廉·布伦南大法官（Justice William Brennan）在 1986 年所写的："第八修正案的用语，是借鉴 1689 年的英国《权利法案》而来"，但他同时认为，"我们并不清楚为何立宪者对英国的立法用语特别青睐，或者，在这个问题上，这一措辞对英国人来说意味着什么"。[4]

持不同意见者也同样存在，法学教授约翰·斯蒂尼福特（John Stinneford）认为，我们对于英国《权利法案》中"异常"这一用词的含义是能够准确把握的："'异常'这个词，是指称这样一种政府行为（government practices），它背离'长期以来的行为'（long usage）或'传统的行为'（immemorial usage）。"[5]为了讨论的需要，我们假设斯蒂尼福特关于 1689 年英国《权利法案》中"异常"的理解是
正确的，他进一步认为，美国《权利法案》的起草者准确理解了英国 56
《权利法案》中"异常"的含义，并且有意地使第八修正案中的"异常"表达相同的含义。[6]不过，立宪者究竟是否准确理解了"残酷且异常"在英国《权利法案》中的含义，仍值得商榷。[7] 但是，即便我们承认斯蒂尼福特的观点，即第八修正案的制定者有意用"异常"来表达它在英国《权利法案》中的含义，疑问仍未能解决：原旨主义者着重考究的问题，不是第八修正案的起草者

---

〔4〕 William J. Brennan, Jr.: Constitutional Adjudication and the Death Penalty: A View from the Court, 100 Harvard L. Rev. 313, 323 (1986).

〔5〕 John F. Stinneford,: The Original Meaning of Unusual: The Eighth Amendment as a Bar to Cruel Innovation, 102 Northwestern U. L. Rev. (forthcoming 2008); available at http://ssrn.com/abstract=1015344.

〔6〕 参见 Id..

〔7〕 根据安东尼·格兰努斯（Anthony Granucci）的观点，第八修正的制定者并不能准确理解"残酷且异常"在英国《权利法案》中的准确含义。参见 Anthony F. Granucci, "'Nor Cruel and Unusual Punish-ments Inflicted': The Original Meaning," 57 California L. Rev. 839, 840, (1969).

(drafted)——“制定者”(the framers)——对“异常”的理解，而是“我们人民”(We the people)——第八修正案正是基于他们的意旨而写入宪法的——在1789—1791年是如何理解“异常”这一词的意义的。

也就是说，对于原旨主义者而言，问题“不在于制定或者批准宪法的人意欲或主观上(subjectively)的理解是什么，而是他们所使用语句在客观上(objectively)表达的含义究竟是什么——通过这些文本的相关政治共同体中的一位普通的、理性的、信息全面的语言使用者，在当时的语境下，是如何理解这些语句的。”[8]宪法
57 序言告诉我们谁是宪法文本的真正作者：不是起草人(制定人)，而是“我们人民”。“是赋予文本权威的公众，而不是起草它的特定的个人，通过了宪法文本。”[9]但是，目前并没有足够的历史记录，能够揭示当时1789—1791年间的公众(我们人民)对此究竟是如何理解的——事实上，这比理解宪法起草者的原意更加困难——即第八修正案中的“异常”是否与一百多年前英国《权利法案》中的“异常”含义相同。不过探究当时公众的理解，还有另一更为可能的路径可循，他们对“残酷”与“异常”这些词语的理解，有较大的可能来自萨缪尔·约翰逊(Samuel Johnson)于1756年首次出版的《英语辞典》(*A Dictionary of the English Language*)，而这本辞典可以告诉我们上述词语在当时按照惯例(conventionally)是如

---

〔8〕 Kesavan & Paulsen, n. 2, at 1144-45.

〔9〕 参见脚注〔2〕(Whittington)。我赞同斯坦利·费什(Stanley Fish)关于文本——包括法律文本——的理解。但他在认定宪法起草人，而不是“我们人民”是宪法文本的真正作者时，误入了歧途。参见 Stanley Fish: Intention Is All There Is: A Critical Analysis of Aharon Barak's Purposive Interpretation in Law, 29 Cardozo L. Rev. 1109 (2008).

何理解的。[10] 在这本辞典第一卷第 250 页载明,“残酷”的含义
是:“1. 为伤害他人感到愉快;冷酷心肠;野蛮的。2. [指物]血腥 58
的;不合规矩的;毁坏性的。”第二卷第 503 页,“异常”的含义是:“不常见;不频繁;少见的。”

从上述辞典的解释出发,相信几乎没有人会否定,第八修正案是禁止那些本质上野蛮的刑罚的:即单纯就刑罚本身(in and of itself)而言就是野蛮的,无论其所针对的罪行有多么邪恶(heinous),不论罪犯是多么该受处罚(culpable),以及无论该刑罚能多么有效地遏制犯罪(折磨是这类惩罚的一个典型例子)。[11] 那么本质上野蛮的刑罚在第八修正案中就是“残酷”的;在“不常见;不频繁;少见的”的意义上,这些刑罚也是(我们可以认为)“异常”的,即作为官方的制裁性惩罚,是不常见的。同时第八修正案亦表明“不允许要求缴纳过度的(excessive)保释金和罚款”,可以显示其所禁止的不仅仅是野蛮的惩罚而已;无论从单个词理解还是连在一起理解,从第八修正案对“过度”的强调以及“残酷”的一般含义来看,可以得出以下结论,第八修正案禁止的不仅仅包括野
蛮的刑罚,也同时针对,就实现刑罚的立法目的而言,远超过(goes 59

〔10〕 萨缪尔·约翰逊(Samuel Johnson)编写的辞典,被认为是当时宪法文本制定时(1787),最权威的辞典。Andrew O'Hagan,“Word Wizard,” New York Rev. Books, April 27, 2006, at 12, 12 (引自 Henry Hitchings, Defining the World: The Extraordinary Story of Dr. Johnson's Dictionary (2006)。约翰逊的辞典“行文优美,影响深远……没有它,英语母语使用者就不会是我们现在看到的这样了……”Id..

〔11〕 折磨(torture)有时候并不是作为惩罚,而是作为获得信息的一种手段。对于作为获得信息手段之折磨的道德性的讨论,参见 Patrick Lee, Interrogational Tor-ture, 51 American J. Jurisprudence 131 (2006).

well beyond)必要程度的情形,即过分严酷而不必要。[12] 诚然,所有的刑罚都可以说是严酷的(harsh),但问题是如何判断某种刑罚是否严酷到超越必要之限度——达到过分的(significantly)程度,而不仅仅只是轻微的(marginally)、一般的(trivially)严酷——从而在某种程度上说是"残酷"。[13]

那么,加上"异常"的意义是什么呢? 只是禁止"残酷"的刑罚
60 还不足以达到目的吗? 要检验人们认为(或者倾向于认为)是残酷的刑罚,在事实上是否是残酷的——是否在本质上是野蛮的,或者,至少对于实现立法目的来说,是过于严酷而超过必要之限度的——一个重要途径,就是审查该刑罚是否为"异常"的: 对任何犯罪都不常适用(not commonly used),或至少对系争罪行,或某类罪犯(如未成年人)不常适用。[14] 也就是说,"不常适用"意义上的"异常",对于判断刑罚是否事实上是"残酷"的,是检验性的

---

〔12〕 早在 1910 年,最高法院所持的立场是,禁止残酷且异常的刑罚的条款,"不仅针对实施虐待的惩罚,'还针对所有对于被诉的罪行来说过于冗长或严重的惩罚。'"参见 Weems v. United States, 217 U.S. 349, 367 (1910)。在近一个世纪后,法院表明"第八修正案禁止'过度'制裁。"Atkins v. Virginia, 536 U.S. 304, 311 (2002)。另参见 Roper v. Simmons, 543 U.S. 551, 560 (2005):"第八修正案保证了个人权利不受到过度制裁。这一权利来自这样一个基本的'正义规则: 罪责相当。'"引自 Weems v. United States, 217 U.S. 349, 367 (1910).

〔13〕 参见 Benjamin Wittes, "What Is 'Cruel and Unusual'?" Policy Review, December 2005 and January 2006。

> 残酷的标志……是施加不必要的痛苦。因此,判断是否是残酷的惩罚,需要评估遭受的痛苦对于实现某个合法的政府目的来说是必要的,抑或是毫无意义的。表面上,这项考察并不复杂: 当一项惩罚能合理地威慑或瓦解犯罪行为再危害社会,就不是残酷的,无论这种惩罚会让人感到多么地不愉快。而超越这些目的,而成为过度暴力、不合理的严酷、显然不合比例或者是不必要地侮辱人格时,就可以合理地依据宪法目的被描述为是残酷的。换一句话说,残酷的本质特征在于,受质疑的惩罚或多或少地超越了任何合理的惩戒性目的。

〔14〕 Cf. Trop v. Dulles, 356 U.S. 86, 100 n. 32 (1958):"如果'异常'一词与'残酷'有所区别的话,那应该指一种通常含义,即不同于通常做法的情形。"

(probative)——并非决定性的(determinative),而是检验性的。此处的观点就是:如果一项刑罚不是"异常"的……如果,恰恰相反,它是经常适用的——那么该刑罚属于本质上野蛮的,或对实现立法目的来说过分严酷而显失必要,这样的可能性就比较小。根据第八修正案,除非可被同时归类为"残酷且异常",否则该刑罚并不属于违宪,即本质上十分野蛮或者过分严酷而不必要,并且从客观事实上来看极少适用的刑罚。[15]

值得可以进一步思考,为什么禁止"残酷且异常的刑罚",可以 61
为人们所理解呢?因为这样的刑罚是不人道的(inhumane),即没有人性地对待人类。用人权的道德性(morality of human rights)的话语来表达:"残酷且异常的刑罚"违反了人性;它对待人类的方式仿佛人是没有固有尊严(inherent dignity)的。所实施的刑罚,即便本质上不是野蛮的,但对于实现刑罚所欲实现的立法目的来说,过于严酷而显失必要,也就构成非人道的待遇;这对他构成了侵犯。"……(如果)存在更为温和的刑罚来实现立法目的,国家却采用了严厉的刑罚,就是不符合人性尊严的……"[16]

现在让我们先接受上述对于"残酷且异常的刑罚"的阐述,并且,即便承认死刑本质上并不是野蛮的刑罚,[17]第八修正案显然也是禁止在某些情形下适用死刑的,比如说对于偷盗一片面包的

---

〔15〕 作为一个真实世界中的问题,界定一项刑罚本质上是否野蛮——并且在此意义上是"残酷"的——是困难的,它并不见得也是"异常"的(即就政府授权的官方的、公共的做法而言是异常的)。

〔16〕 Furman v. Georgia, 408 U. S. 238, 279 (1972) (Brennan, J., concurring)(内部引用省略)。

〔17〕 参见 In re Kemmler, 136 U. S. 436, 447 (1890):"涉及酷刑或凌迟的惩罚是残酷的;但是,死刑则不残酷,它处于宪法允许的范围之内。这里指的是一些不人道和野蛮的东西,而不是指单纯地剥夺生命。"

62 罪行。[18] 近年来，最高法院作出的一系列判决表明，第八修正案禁止对智障人士[19]或犯罪时不满十八周岁的未成年人适用死刑。[20] 在这里我想要讨论的问题是更进一步的：即便死刑本质上不是野蛮的刑罚，第八修正案对“残酷且异常的刑罚”的禁止，是否意味着政府不能对犯下任何罪行的任何人适用死刑？

对安东尼·斯卡利亚大法官(Justice Antonin Scalia)以及其他许多人来说，回答这个问题并不难——答案是否定的。就像他前任的罗伯特·伯克大法官(Justice Robert Bork) 一样，[21]斯卡利亚认为，人民在将残酷且异常的刑罚条款宪法化时，并不认为他们由此便禁止了死刑的适用。因此，斯卡利亚大法官认为，从立法
63 原意上来看，第八修正案并未禁止死刑的适用。[22] 但斯卡利亚的

---

〔18〕 参见 Marc L. Miller & Ronald F. Wright: Criminal Procedures: Cases, Statutes, and Executive Materials 190-91 (2003)：“在 Coker v. Georgia, 433 U.S. 584 (1977)案中，最高法院推翻了死刑作为强奸成年女性的刑罚选项；……判决的宪法依据就是第八修正案的禁止残酷且异常的刑罚的条款。此后，只有针对谋杀罪可适用死刑。”但路易斯安那州最高法院在 1996 年指出，对于强奸 12 岁以下幼女的罪犯适用死刑，并不过分。State v. Wilson, 685 So. 2d 1063, 1070 (La. 1996). 参见 John Gibeaut, “A Deal with Death: More States Make Child Molestation a Crime, and Face Likely Challenges,” ABA Journal, January 2007, at 12:

> 1964 年以后，在美国，再没有人因为谋杀罪以外的罪行被判死刑。如果路易斯安那州法院的判决能够成立的话，那么强奸幼女的罪犯帕特里克·奥肯尼迪(Patrick O'Kennedy)，将成为四十多年以来，首个因无被害者被杀的罪行而被处死的罪犯。路易斯安那州的最高法院将(在 2008 年)决定肯尼迪的最终命运。(该案后来被路易斯安那州法院发回地区法院重新量刑，肯尼迪最终被判决终身监禁，不得保释。——译者注)

〔19〕 参见 Atkins v. Virginia, 536 U.S. 304 (2002).

〔20〕 参见 Roper v. Simmons, 543 U.S. 551 (2005).

〔21〕 参见 Michael J. Perry, The Constitution in the Courts: Law or Politics? 45-46 (1994).

〔22〕 参见 Antonin Scalia, A Matter of Interpretation: Federal Courts and the Law 46, 132, 145-47 (1997).

这个"因此"是一种不合理的推断(non sequitur)。

斯卡利亚在前一个问题上的观点确实是正确的,即人民在将残酷且异常的刑罚条款宪法化时,并不认为他们由此便禁止了死刑的适用。实际上,与第八修正案同时(1791年)通过的宪法第五修正案中的正当程序条款,以及1868年通过的第十四修正案中的正当程序条款均指出,非经正当法律程序不得剥夺任何人之生命。不仅如此,第五修正案载明:除非大陪审团认定,不得以"死刑"之罪——可能被判处死刑的罪名——起诉任何人。那么,显而易见的,当时通过第五修正案、第八修正案的人民与通过第十四修正案的人民一样,都是认可政府有适用死刑的权力与可能(尽管受制于特殊的限制条件)。

但是,即便通过第八修正案时,人民并未由此禁止死刑——事实上,他们预期在可见的未来(foreseeable future)死刑还将继续
存在——但这并不必然意味着死刑始终符合残酷且异常的刑罚条 64
款。[23] 即便死刑不属于本质上野蛮的刑罚,但如果下述命题成立的话,死刑也是不符合第八修正案的规定的——按照原旨主义者

---

〔23〕 这也不意味着施以死刑的权力是宪法上受赞许的。参见 Perry, The Constitution in the Courts, n. 21, at 46 (1994):

> (人民)预期死刑在今后还会持续存在,以及他们规制死刑适用的决定,并没有基于这项预期,而构成对适用死刑的授权,乃至将死刑宪法化——在这个意义上,他们没有形成一个决定,将死刑从第八修正案可能的禁止范围内排除出去。

另参见 Brennan, n. 4, at 324:

> (第五修正案)毕竟没有宣布国会适用死刑的权利是不可侵犯的;它仅仅是说,如果适用死刑,被告人应当享有某种程序上的安全保障。……因此合理的结论应当是,如果确有死刑,那么定罪的程序应当特别严格。

通常可参见 Shannon D. Gilreath, "Cruel and Unusual Punishment and the Eighth Amendment as a Mandate for Human Dignity: Another Look at Original Intent," 25 Thomas Jefferson L. Rev. 559, 571-84 (2003).

所理解的——如果：

> 无论罪行为何、罪犯为谁，死刑对于实现立法目的来说，都是过分严酷而显失必要的；对此可作为证据的是，死刑对于任何罪行都是不常适用的。

65 使第八修正案成为宪法的一部分的人民，不认为死刑在他们的年代里是过分严酷而显失必要的，并不必然意味着，在我们这个时代，死刑也不是过分严酷而没有超过必要限度的。或许，死刑在今天仍然算不得过分严酷且超过实现刑罚目的所必要的限度，但即便是，原因也不在于人民在 1789—1791 年是如此认为的。[24] 相似的，死刑在 1789—1791 年间并不“异常”——实际恰恰相反，死刑在当时是较为常见的——并不保证死刑在现在同样并不异常。或许，死刑现在并不异常，但理由也绝不是因为 1789—1791 年间是如此。

可以说，斯卡利亚在这个问题上出现了混淆之处，即混淆了人民在 1789—1791 年间宪法化的规则——即“[不得]施加残酷且异常的刑法”规则——与当时的人民关于该条款适用于死刑所持的想法或可能有的想法。是该项规则本身，而不是人们关于该条款
66 适用于死刑的想法，构成了宪法的一部分。让我们考虑另一个例子：人民在 1866—1868 年间，通过其选举的代表投票通过第十四修正案时，并没有认为他们因此禁止了种族隔离公共教育政策以及种族歧视立法，这两者直到 20 世纪中期还保留着。但是，这并不意味着这两者就不违反人民在批准第十四修正案时所宪法化的

---

[24] 参见 Atkins v. Virginia, 536 U.S. 304, 311 (2002)：

> 宪法第八修正案禁止一切过度的惩罚，而判断一项刑罚究竟是否过度，并不是看杰弗里斯勋爵(Lord Jeffreys)主持“血腥巡回裁判所”(Bloody Assizes)时的 1685 年，或者《权利法案》通过时的情形，而是看当下的现实情况。

规则。正如凯斯·惠廷顿(Keith Whittington)指出：

> 从原旨主义的角度出发，规则制定者关于文本如何适用的预期，不构成探究条文原意的重点。条文本身，完全可能包含着原则或一般性规则，诸多宪法文本正是如此。原旨主义者的要点，应当是探究这类原初的原则或规则(是什么)，探究宪法所确立的原则是什么。〔25〕

这并不否定我曾经强调的：在理解当时的人民所宪法化的规则之含义时，他们对于其宪法化的规则，如何适用于这类实践或那类实践的想法，或可能有的想法，是检验性的——并非决定性的。〔26〕 67

---

〔25〕 Whittington, n. 2, at 610. 另参见 Andrew Oldenquist, "Retribution and the Death Penalty," 20 U. Dayton L. Rev. 335, 340-43 (2004)(其中对斯卡利亚关于第八修正案的解释方法进行了批判)。

> 斯卡利亚指出，制宪者认为死刑并非残酷且异常的刑罚，是因在禁止残酷且异常刑罚的同一个文本中，制宪者将死刑作为其中一种可能选择。但是，制宪者认为死刑是否残酷，为什么就如此重要？真正应当指导我们理解宪法含义的，应当是制宪者在宪法中明确授权或者禁止的内容。如果制宪者的想法并非至关重要，那么18世纪末的观点显然就只是一个合理的旁观者了。有什么证据能够证明，制宪者期待他们对于死刑态度应决定我们对于第八修正案的解释？而且，即使他们，或者那个时代的合理旁观者，认为活埋很残酷，而绞刑并不残酷的话，这并不意味着这就是第八修正案的含义。显然并非如此。……前人郑重地写下宪法文本以指引后人，同时也尊重未来的裁判者作出的判断，这就意味着他们并不希望用关于什么是残酷、什么是无理搜查的个人观点来束缚我们，这种对后世人的选择的尊重正是《权利法案》如此抽象的原因。

Id., at 341.

〔26〕 参见 Perry, The Constitution in the Courts, n. 2, at 79-81。另参见 Whittington, n. 2, at 610-11：

> 特定的起草者对于适用宪法原则可能持有的观点，对于理解他们通过语言实际期待呈现的原则是什么，是有所助益的，但是，文本原则不应当仅局限于起草者关于该原则的观点。对于如何适用和操作他们意图采用的原则的理解，起草者的观点可能是错误的。

需再次强调的是，目前关于第八修正案“残酷且异常”条款最
具说服力的解释是：不得适用本质上十分野蛮的刑罚，或者是能
从刑罚不常适用的事实被证明的，对于实现刑罚的立法目的来说
68 过分严酷而显失必要的刑罚。为了讨论的必要，如果我们不深究
死刑本质上是否野蛮，那么，考察死刑是否符合第八修正案“残酷
且异常”的含义——原初含义，也就是要从死刑不常适用的事实，
来考察死刑对于实现立法目的而言，是否过分严酷而显失
必要。[27]

Ⅱ. 过分严酷而显失必要？

> 我们能够很清楚地分辨这个或那个成年罪犯应受到终身劳役，但我们无法清楚地认定他的未来应被剥夺——换而言之，确信某人已经不具有改过自新的机会。[28]

死刑对于实现刑罚之立法目的来说，是否达到过于严酷而显
失必要的程度？更准确地说，对于一个当代自由民主国家而言，例
69 如美国，是否存在好的理由——好的刑事上的理由——去处决一
名罪犯？

回答上述问题之前应当明确的是，正如我在第一章中已经阐述过的，人权的道德性要求人人享有与生俱来的固有尊严，[29]即

---

[27] 我无意于为死刑本质上是野蛮的这一命题进行辩护；我尤其无意于为不论遏制犯罪的积极效果如何，死刑都是野蛮的观点进行辩护。参见 Michael J. Perry, Toward a Theory of Human Rights: Religion, Law, Courts, ch. 5 (2007).

[28] Albert Camus, “Reflections on the Guillotine,” in Albert Camus, Resistance, Rebellion, and Death 230 (Justin O'Brien, tr., 1974).

[29] 即人生而享有。参见第一章，n. 2.

便是堕落的罪犯也不例外，因为根据人权的道德性，人人享有的固有尊严是不可被剥夺的；无论犯下如何卑鄙的罪行，任何人也不因此丧失他的固有尊严。在近期的美国天主教主教联席会议（the United States Conference of Catholic Bishops）上有一段这样的宣言：

> 我们每一个人都应当尊重彼此作为人的生命与尊严。即便有人否认他人的尊严，我们必须依然认识到：他们的尊严，是上帝赐予的礼物，而不是凭借他们的行为可以获得或者丧失的东西。每个人的生命都值得被尊重，即便是那些犯下可怖罪行的犯人也一样。任何刑罚都必须是出于正义的诉求，同时尊重人的生命与尊严。[30]

但为何将人权的道德性同我们基于第八修正案来分析死刑
的合宪性相联系呢？因为脱离人权的道德性，即脱离人人享有 70
固有尊严的前提，对第八修正案展开的解释，没有一个是有说服力的。正如首席大法官厄尔·沃伦（Chief Justice Earl Warren）在1958年代表联邦最高法院时所强调的，“宪法第八修正案强调的基本观念就是人的尊严。”[31]大约半个世纪之后，最高法院又一次阐述道：“宪法第八修正案正是（通过）保障即使是罪大恶极的

〔30〕 A Culture of Life and the Penalty of Death: A Statement of the United States Conference of Catholic Bishops Calling for an End to the Use of the Death Penalty 6 (2005).

〔31〕 Trop v. Dulles, 356 U.S. 86, 100-101 (1958). 在1995年的一个案件中，南非宪法法院宣布死刑违宪，法院院长写道：“虽然美国宪法并没有特定条款宣示保障人的尊严，但公认的是，最高法院将人的尊严的保障作为第八与第十四修正案禁止残酷且异常的刑罚的条款的核心目的。”State v. Makwanyane and Another, 1995 (6) BCLR 665, 695 (Constitutional Court).

罪犯的人权，重申了政府尊重所有人的尊严的责任。”[32]（“所有人”甚至包括那些最堕落的罪犯。布伦南法官曾写道：“即便最可恶的罪犯仍旧拥有作为人的基本尊严。”）[33]人权的道德性，是包括第八修正案在内的美国宪法的基本预设。

既然每个人，甚至每个罪犯都拥有不可剥夺的固有尊严，那
71 么，没有人有权处死罪犯，除非这样做有足够充分的正当理由（a sufficiently weighty justification）。在缺乏足够充分的正当理由的情形下，选择死刑而不是其他虽不致命（non-lethal）但仍严厉的刑罚——非致命性但严厉的刑罚，给罪犯留以改过自新（rehabilitation）的机会——对于科以死刑的罪犯来说，似乎他们是不具有固有尊严的。“主耶和华说，我指着我的永生起誓，我断不喜悦恶人死亡，惟喜悦恶人转离所行的道而活。”（以西结书
72 33：11）[34]在缺乏有力的论据的情形下，就对罪犯施以死刑而不是其他虽不致命但仍严厉的刑罚（给罪犯留以改过自新的机会），

---

〔32〕 Roper v. Simmons, 543 U.S. 551, 560 (2005).

〔33〕 Furman v. Georgia, 408 U.S. 238, 273 (1972)（协同意见）。

〔34〕 Jeffrie Murphy 写道：

> 在给马塞林（Marcellinus）的信中，霍诺里乌斯皇帝（Emperor Honorius）处理天主教徒和基督教多纳图斯派教徒（Donatists）之间的争端的特别代表奥古斯丁（Augustine）认为，刑罚须到不得不采用时才用，对于他而言，似乎只有最恶毒的罪行才能适用：例如，激进的多纳图斯派成员谋杀了天主教神父，并且残害另一位神父这样的情形。（马赛林是一位罗马的编年史家，霍诺里乌斯是首任西罗马帝国皇帝，奥古斯丁是古罗马时期天主教思想家。——译者注）

Jeffrie G. Murphy, Getting Even: Forgiveness and Its Limits 109 (2003). 墨菲进而从奥古斯丁的信中引用了以下这段文字：

> 我一直非常担心，殿下恐怕会将那些罪犯处以极刑，以使他们受到的惩罚能够抵偿他们的罪行。因此，我写信给您，恳请您念在对基督的信仰，并怀着如主一般的怜悯之心，不要这样做，无论发生什么事情都不要这么做。作为主教，我们可以不为罪犯的死负责，他们显然没有出现在我们主持的审判中，但根据以保障公共和平为职责的官员的指控书，我们也不希望采取同态复仇的形(转下页)

这样，对于科以死刑的罪犯来说，他们就如同托马斯·阿奎那(Thomas Aquinas)所说的，"失去了人之尊严，……沦为畜生一般的奴隶，以至于(他们)会被基于什么对他人有用的标准而被随意处置。"〔35〕

什么样的理由才是足够充分的正当理由，从而可以证立选择处决罪犯而不是给罪犯留以作为人所享有的改过自新的机会，而采用其他严厉刑罚？"报应之说"(Retribution)是常见的答案，〔36〕
但是，这也是一个经常受到误解的(misconceived)理由。尽管"报 73
应之说"告诉我们"犯下在道德上应予否定评价(morally wrong)

(接上页〔34〕)

式，让这些上帝仆人的殉难者受到同样痛苦的报复。……我们并不反对这些作恶之人应当被剥夺自由，但我们希望公正处之，以使他们不至于丧失生命，或者身体的任何一部分不至于摧残致残，让他们可以在法律束缚下，远离疯狂的暴怒，变得和平与理智，让他们从事一些有益的活动以弥补自己的罪行。真的，这就是所谓的惩罚，但当暴力和残酷得到抑制，忏悔恰由此产生时，又有谁不认为这更是一种恩惠而不是一种惩罚？

Id., at 110. 也可参见 David McIlroy, "Oliver O'Donovan and the Tradition of Christian Thought Regarding the Death Penalty," Law & Justice, No. 156 (2006), 37, 41："在同奥多诺万(O'Donovan)讨论时，美国和平主义者(American Pacifist)为支持自己的观点，曾说：'一个人可能犯下了数件非致死的罪行，同时又到处行善，表现得如同上帝最虔诚的道德信徒一般，以此来抵消自己的罪行。但当一个人犯下命案时，这种抵消或忏悔就是无法实现的。'"

〔35〕 E. Christian Brugger, Capital Punishment and Roman Catholic Moral Tradition 173 (2003). 进一步参见 E. Christian Brugger, "Aquinas and Capital Punishment: The Plausibility of the Traditional Argument," 18 Notre Dame J. L., Ethics & Social Policy 357, 358 et seq. (2004)。关于死刑的西方——尤其是基督教徒——观念的正史，可参见 James J. Megivern, The Death Penalty: An Historical and Theological Survey (1997).

〔36〕 刑罚的合法目的，被广泛理解为惩戒、威慑和复原。参见 E. Christian Brugger, Cap-ital Punishment and Roman Catholic Moral Tradition 38-56 (2003)。Cf. John E. Witte Jr. & Thomas C. Arthur, "The Three Uses of the Law: A Protestant Source of the Purposes of Criminal Punishment," 10 J. L. & Religion 433, 452-65 (1993-94)。但复原这一目的在此可能并不适用，因为死刑与复原无关。

罪行之人应当受到惩罚”,[37]但并没有明确其应当受到怎样的惩罚。假设某人以折磨的方式(in the form of torture)虐待(sadistic assault)受害人,那么显然他应当被科以刑罚——乃至科以严厉的刑罚——但这并不意味着,他因为自己的罪行而也应当受到折磨(tortured)。相应的,假设某人犯下可怖的谋杀罪行(heinous murder),显然他应当被科以刑罚,但并不当然意味着他应当被处死。“接受报应之说,并不必然意味着接受死刑。一个罪犯应当受到何种程度以及何种形式的惩罚,并不必然遵循因果报应律。”[38]实际上,主张因果报应说的人,也提出了不少反对死刑的论据。[39]

74 再次回到这个问题:什么是足够充分的正当理由,以支持选择处死罪犯而不是选择其他虽然严厉,但允许其作为人而拥有改过自新的机会与可能的惩罚?根据天主教的观点,任何一个现代社会都不再需要通过处决一个罪犯来维护自身秩序;1997年版的《天主教教理》(*Catechism of The Catholic Church*)在第2267节及相关章节中写道:“今天……鉴于我们的国家已经拥有能够有效预防犯罪的制度,使曾犯有罪行的人不再能致害——不需要最终地剥夺其重新做人的可能性——必须剥夺罪犯改过自新机会的

---

〔37〕 Larry Alexander, “The Philosophy of Criminal Law,” in Jules Coleman & Scott Shapiro, eds., The Oxford Handbook of Jurisprudence & Philosophy of Law 815, 816 (2002). 关于刑罚的报应理论的各种讨论,参见 Brugger, Capital Punishment and Roman Catholic Moral Tradition, n. 33, at 38-56.

〔38〕 Oldenquist, n. 25, at 340.

〔39〕 参见 Robert A. Pugsley, “A Retributivist Argument Against Capital Punishment,” 9 Hofstra L. Rev. 1501 (1981); John P. Conrad, “The Retributivist's Case against Capital Punishment,” in Ernest van den Haag, ed., The Death Penalty: A Debate 19 (1983); David McCord. “Imagining a Retributivist Alternative to Capital Punishment,” 50 Florida L. Rev. 1 (1998); Dan Markel, “State, Be Not Proud: A Retributivist Defense of the Commutation of Death Row and the Abolition of the Death Penalty,” 40 Harvard Civil Rights-Civil Liberties L. Rev. 407 (2005).

情形，是‘极少的，甚至几乎没有’。”[“极少的，甚至几乎没有”这一表述，引自约翰·保罗二世(John Paul II)1995 年的《生命的福音》通谕（encyclical *Evangelium Vitae*）][40]教会在此问题上的态度，似乎是正确的。[41] 但是，即便是现代社会，也可能需要通过处死某些罪犯来保障社会自身，但是其目的并非主要针对那些已经犯 75
下罪行的犯人，而是对其他的罪犯或者是可能的潜在犯(would-be criminals)起警示作用。换言之，这就是死刑的威慑作用(deterrent effect)；至少，死刑在某些社会可能发挥这样的威慑作用。[42] 确定，最近有一些经济学研究表明，在美国，死刑的威慑作用确实存在。[43]

---

〔40〕 参见 Brugger, Capital Punishment and Roman Catholic Moral Tradition, n. 33, at 9-37.

〔41〕 监禁本身，可能引发严重的人权问题。如参见 Human Rights Watch, “Out of Sight: Super-Maximum Security Confinement in the United States (2000), www. hrw. org/reports/2000/supermax/; Adam Liptak, “Inmate Was Considered ‘Property’ of Gang, Witness Tells Jury in Prison Rape Lawsuit,” New York Times, September 25, 2005.

〔42〕 本章中提到的威慑，指的是边际威慑(marginal deterrence)。参见 Robert Weisberg, “The Death Penalty Meets Social Science: Deterrence and Jury Behavior Under New Scrutiny,” 1 Annual Rev. L. & Social Science 151, 152 (2005):

> 其他要件不变的情况下，存在或实施死刑，显然会使杀人事件有所减少。因此，这是一个边际威慑问题——也就是说，死刑是否会比次严厉的惩罚，更好地减少凶杀案的产生，这种次严重性的惩罚，在美国所有司法管辖区体现为终身监禁，大部分近来作出的终身监禁判决不得假释。专为讨论方便起见，在本文中，威慑代表边际威慑。

〔43〕 在一项研究中，三个合作者——其中一位是我在埃默里大学的同事，经济学家乔安娜·夏裴德(Joanna Shepherd)——得出结论：“死刑具有较强的威慑作用；每次死刑执行，平均减少 18 起谋杀案(正负误差 10)。测试表明，这样的结果，不仅出现在较严厉的刑罚体系中，而且在其他刑罚体系下也是如此。”引文出自下文的摘要部分：Hashem Dezhbakhsh, Paul H. Rubin, & Joanna M. Shepherd, “Does Capital Punishment Have a Deterrent Effect? New Evidence from Post-Moratorium Panel Data,” 5 American Law & Economics Rev. 344 (2003).

76 尽管如此，至少，在全美国或者美国的某个州，死刑是否事实
77 上具有威慑作用，仍然是一个广受争议的话题。[44] 让我们特别关

〔44〕 参见 John Donohue & Justin Wolfers, "Uses and Abuses of Empirical Evidence in the Death Penalty Debate," 58 Stanford L. Rev. 791, 794 (2005)（回顾杰日贝克希/罗宾/夏裴德（Dezhbakhsh/Rubin/Shepherd）所做的研究，cited in n. 43，得出的结论是"从现有证据来看，威慑效果相当的微弱……"）。另参见 Richard Berk, "New Claims About Executions and General Deterrence: Deja Vu All Over Again?" 2 J. Empirical Legal Studies 303 (2005)；Jeffrey Fagan, Deterrence and the Death Penalty: A Critical Review of the New Evidence, Testimony to the New York State Assembly Standing Committee (January 21, 2005), www. deathpenaltyinfo. org/FaganTestimony. pdf; Jeffrey Fagan, "Death and Deterrence Redux: Science, Alchemy and Causal Reasoning on Capital Punishment," 4 Ohio St. J. Criminal L. 255 (2006)；Rudolph J. Gerber, "Economic and Historical Implications for Capital Punishment Deterrence," 18 Notre Dame J. L., Ethics & Public Policy 437 (2004)；Lawrence Katz, Steven D. Levitt & Ellen Shustorovich, "Prison Conditions, Capital Pun-ishment, and Deterrence," 5 American L. & Econ. Rev. 318 (2003)；Weisberg, n. 42.

一项近期由夏裴德所做的经济学研究——比引注 43 提到的夏裴德与其同事的研究更近——表明，在很多国家，死刑不仅没有威慑作用，而且，不准确地说（perversely），具有它所谓的"残害效力"（"brutalization effect"），即反而增加了谋杀案的数量。

> 这项研究的结果十分惊人。27 个在实验期间至少执行一次死刑的国家中，表明死刑减少谋杀案发生的是 6 个国家。然而，表明死刑事实上增加了谋杀数量的则有 13 个国家，是前者的两倍以上。在 8 个国家中，死刑和谋杀率之间的关系并不明显。也就是说，死刑的威慑效力仅在 22%的国家中有所体现。相反的，死刑的实施在 48%的国家中引起了更多的谋杀案。总体而言，在 78%的国家中，死刑并没有威慑效力。

Joanna M. Shepherd, "Deterrence versus Brutalization: Capital Punishment's Differing Impacts Among States," 104 Michigan L. Rev. 203, 205 (2005). 参见 id., at 205-06：

> 平均来看，死刑表现出威慑效力的国家，通常比那些死刑刺激更多犯罪或者并无任何效果的国家，对更多人执行死刑。通过各种数据分析，我发现要实现威慑效力，在实验期间，死刑的执行量大约要在 9 起以上。通常在死刑执行量超过了这一门槛数量（t hreshold）的国家，死刑才表现出遏制谋杀的效果；而在这一门槛数量之下的国家，死刑通常增加了谋杀案的数量或者没有任何作用。Id..

注一下多诺霍/沃尔弗斯(Donohue/Wolfers)在2005年的重要研究,研究得出结论:

> 现存的证据中,只有非常少量的部分可用于支持死刑具有威慑作用……我们观察到的是:死刑——至少如美国(近三十年)实施的情况来看——真正适用的次数是极少的,以至于即便是它导致谋杀案数量增或减,也不能排除由其他因素引起谋杀率年复一年的大变化这样一种可能性。我们的估算,不仅仅是对死刑威慑作用的"合理的怀疑"(reasonable doubt),而是一种深深的不确定(profound uncertainty)。可以肯定的是,威慑作用即便存在也不会太大,我们甚至无法确定这种作用究竟是积极还是消极的。困难不仅在于下面这个统计学上的问题:死刑效果积极或消极与否的这项测量,对于计量经济学细节的变动是极其敏感的。更在于,现有的数据能否解决这个不确定性,尚是未知数。[45]

显而易见,死刑的威慑作用诚值怀疑。更应当注意的是,"甚 78
至是身处打击犯罪工作第一线的警务人员,对于死刑的威慑作用,也抱持着疑虑的态度。1995年,一项针对386名随机抽取的警察局长的调查显示:其中三分之二的人认为,死刑并没有明显地减

〔45〕 Donohue & Wolfers, n. 44, at 795. 另参见 id., at 841-45。参见 John J. Donohue & Justin Wolfers, "The Death Penalty: No Evidence for Deterrence," Economists' Voice, April 2006, www. bepress. com/ev; New Jersey Death Penalty Study Commission Report 24-26 (January 2007).

少谋杀案的数量，"[46]不仅如此，"1996年，对犯罪学家——包括三个犯罪学协会的前任会长和时任会长——进行的一项调查，同样拒绝认同死刑的威慑作用。超过87%的受调查者认为死刑没有威慑作用。"[47]

除非死刑确有威慑作用，否则死刑对于实现刑罚的立法目的来说，就是过于严酷而超过必要之限度。即使我们像上述警务人
79 员和犯罪学家一样，拒绝承认死刑的威慑作用——即使认为死刑没有任何积极效果——我们的观点，较之我们期待的程度，更是没有把握的，更显得是试验性的。毕竟，得出一个我们所能得出的最谨慎的答案，其意义是重大的：根据我们得出的结论，某些将被处死的人得以保命，又或者某些本可活命的人将面临死亡。那么，我们如何验证死刑不具有威慑作用因而是"残酷"的：对于实现立法目的来说过分严酷而显失必要？

Ⅲ. 不常适用？

让我们回到之前的问题：第八修正案为何在"残酷"之外加上"异常"作为限定条件：因为验证一项刑罚事实上是否如人们认为

---

〔46〕 Editorial, "No Airtight Case for Death," Birmingham [Alabama] News, November 10, 2005, at 8A. 这篇社论是最近一个六篇连载的系列社论之一，《伯明翰新闻报》(*Birmingham News*)在社论版上表达了对于亚拉巴马州中实施的死刑的反对意见。参见id.：

> 事实上并没有证据能够明确证明死刑具有威慑作用，支持者认为死刑的适用可以减少犯罪，但反对者同样可以认为谋杀率的居高不下同样和频繁适用死刑相关。没有办法证明其中的原因和结果。但是，大部分数据表明，有充足的理由怀疑死刑威慑其他谋杀案的能力。

〔47〕 Id.，引自佛罗里达大学社会学家迈克尔·L. 拉得勒特和罗纳德·L. 埃克斯所做的研究。

的，或倾向于认为的那样，是“残酷”的——对实现立法目的来说，
事实上是过分严酷而显失必要的——的重要标准，就是该刑罚是
否“异常”：对系争罪行或可能对任何罪行或者对某类罪犯（如未
成年人）而言极少使用。一项刑罚是否在“不常使用”的意义上显
得“异常”，是检验其事实上是否“严酷”的标准；如果一项刑罚不是
“异常”的——或者说，一项刑罚是经常使用的——这项刑罚事实
上就不太可能是过于严酷而显失必要的。根据第八修正案，只有 80
同时属于“残酷且异常”的刑罚才可能是违宪的刑罚：对于实现立
法目的而言，过于严酷而显失必要，并且从实践来看是不常适
用的。

那么对当今美国来说，死刑是否属于异常——不常适用——
的刑罚？目前十二个州以及哥伦比亚特区都已经废除死刑，这些
主张废除死刑的州（abolitionist states）包括马萨诸塞州、密歇根
州、明尼苏达州以及威斯康星州。其余三十八州、联邦政府、联邦
军队仍旧保留死刑（尽管 2004 年，在纽约以及堪萨斯州，死刑均已
依据州宪法之规定而失效）。[48] 不过将死刑保留在法律文本中，
并不意味着必须要适用死刑，或者是经常适用死刑。[49] 由此可 81
见，我们仍然无法确信地说，在当今（2008）美国，死刑属于“不常适

---

〔48〕 Cf. Franklin E. Zimring, “The Unexamined Death Penalty: Capital Punishment and Reform of the Model Penal Code,” 105 Columbia L. Rev. 1396, 1409 (2005)：“在南方一些州，辩护或上诉中，律师或者法官充分运用通过程序性错误来推翻实体性的法律主张这一方式，导致死刑适用率的增加。例如，在弗吉尼亚州、得克萨斯州、密苏里州，死刑的适用率是俄亥俄州、宾夕法尼亚州和加利福尼亚州的 30 倍以上。”

〔49〕 1972 年，最高法院暂停了对死刑的适用。参见 Furman v. Georgia, 408 U. S. 238 (1972))，而四年之后这一暂停被打破（参见 Gregg v. Georgia, 428 U. S. 153 (1976)。“最高法院在 Furman 案中有效地宣告死刑立法违宪，然后，在全国范围内，40 个州对 629 名死刑犯实施减刑。但仅仅是布伦南和马歇尔（Marshall）（转下页）

用”的刑罚。[50]

然而，我们不需要——的确也不应当——将考察的范围局限于(confine)美国，即在世界上各个自由民主国家中，死刑是否是一项“异常的”刑罚？[51]（我认为大家都认同，自由民主国家的实践——民主国家认真对待每一个人都享有的固有尊严——是有别于独裁政治(dictatorships)、原教旨主义神权政治(fundamentalist theocracies)的一类机制。）单从我们为什么探讨这个主题（“死刑是否是一种‘异常的’刑罚？”）来看，将考察的范围限定在美国是不
82 妥的。假如除了美国以外的所有自由民主国家都废除了死刑，而美国仍旧适用死刑，此时若将考察的范围限于美国，对于回答死刑对实现立法目的而言是否过分严酷显失必要，还具有检验性吗？如果答案是肯定的，将考察范围限于美国，会导致我们失去我们所需要的、用来检验死刑是否过分严酷而显失必要的有效信息。但应当明确的是，着眼更广的考察范围，并不是说我们认为美国应当以其他自由民主国家为道德典范；而是其他自由民主国家的做法，

（接上页〔49〕）
两位大法官认为死刑在本质上(per se)是违宪的，斯图尔特(Stewart)、怀特(White)和道格拉斯(Douglas)大法官则认为各州应当修改死刑立法，以弥补其合宪性瑕疵。” Miller & Wright, n. 7, at 184-85。在死刑恢复后的30多年里，以下各州执行死刑的数量都小于5人（具体执行量见括号内数字）：科罗拉多州(1)、康涅狄格州(1)、爱达荷州(1)、堪萨斯州(0)、肯塔基州(2)、马里兰州(4)、蒙大拿州(2)、内布拉斯加州(3)、新罕布什尔州州(0)、新泽西州(0)、新墨西哥州(1)、纽约州(0)、俄勒冈州(2)、宾夕法尼亚州(3)、南达科塔州(0)、田纳西州(1)、华盛顿州(4)、怀俄明州(1)。同一时期，联邦政府对3人执行了死刑，联邦军队则没有。

〔50〕 本杰明·威特斯(Benjamin Wittes)认为，判断一项处罚是否具有“异常性”(unusualnes)，应与“联邦四分之三的州是否如此实施相关，即38个州。这正是宪法修改时对于州的数量的要求。”Wittes, “What Is ‘Cruel and Unusual’?” n. 13.

〔51〕 Cf. Joan F. Hartman, “‘Unusual’ Punishment: The Domestic Effects of International Norms Restricting the Application of the Death Penalty,” 52 U. Cincinnati L. Rev. 655 (1983).

对于探究美国的做法是否过分严酷而显失必要，并因此是残酷的（不人道的），是具有检验性的——不是决定性的，仅仅是检验性的。[52]

那么哪些自由民主国家已经废除死刑（指对所有的犯罪而言）了呢？在废除死刑的自由民主国家的名单中，有许多我们认为其符合真正实质意义上的自由民主，包含 85 个国家，除了我们北边的邻居（加拿大）和南边的邻居（墨西哥）之外，还包括：澳大利亚、奥地利、比利时、捷克、丹麦、芬兰、法国、德国、匈牙利、爱尔兰、意大利、荷兰、新西兰、挪威、波兰、葡萄牙、斯洛伐克共和国、南非、西
班牙、瑞典、瑞士、土耳其和英国。哪些自由民主国家还依然保留 83
着死刑呢？保留死刑的国家[53]有 76 个，其中极小部分是自由民主国家：印度、日本、韩国以及美国。毫无疑问，以上数据说明，在自由民主国家中，死刑确实是“异常的”——“不常适用的”。

不过，当然还存在这样的可能性，即相较于废除死刑国家来说，死刑在美国发挥了更多的威慑犯罪的积极作用；也可能废除死刑的国家，或者其中大部分国家，并未意识到死刑能够带来的正面
的威慑效果。[54] 除非有可信服的论据支持上述任一假设是真实 84

---

〔52〕 Cf. Roper v. Simmons, 543 U.S. 551, 575 (2005)：我们认为对 18 周岁以下的罪犯适用死刑是不符合比例的，这可以从如下这个严峻的现实中获得确认：美国是世界上唯一一个将对未成年人适用死刑作为官方制裁的国家。

〔53〕 保留死刑的国家的这一清单没有包括 24 个被大赦国际（Amnesty International）认为“事实上已废止死刑”的国家：“这些国家中对诸如谋杀罪等普通刑事犯罪，仍保留着死刑，但可以认为死刑事实上已经被废止了，因为这些国家在近十年中未曾适用死刑，并且被认为具有不再适用死刑的政策或既定做法。这一清单也没有包括那些已经向国际社会承诺不适用死刑的国家。”

〔54〕 Cf. Youngjae Lee, “International Consensus as Persuasive Authority in the Eighth Amendment,” 56 U. Pennsylvania L. Rev. 63, 115 (2007)：“一个明显的共识是，除非法院能够证明每个国家出于同一个理由得相同的结论，并且这一理由对于美国而言也是很重要的，否则停止适用死刑是有说服力的。”

的，然而，我并不知道有这样的论据，否则，死刑在世界范围内的自由民主国家中是异常的这样一个事实，强有力地支撑了我们的观点，在美国，死刑不具有威慑效力，并因此是“残酷”：对于实现刑罚的立法目的来说过于严酷而显失必要。

Ⅳ. 最高法院应不应当判定死刑违宪？

在本章开头我已经提出，除非对死刑是否违宪这一问题给出肯定的答案，否则最高法院判定死刑违宪，是毫无意义的；但是，如果在得出死刑违宪这样肯定结论的情况下，却同时得出最高法院不应该判定死刑违宪这样一种否定回答，则意义重大。以下详述之。

死刑是否违宪？我已经做出了支持肯定观点的论述。但是，当我们论述死刑是违宪的同时，并没有否定另一种可能性，那就是有人能合理地得出死刑并不违宪的结论；并且我们也没有表明，最
85 高法院就应当判定死刑违宪。死刑是否违宪，和最高法院应不应当判定死刑违宪，是两个不同的问题。要回答第二个问题，有赖于对以下这项审查的答案：美国联邦最高法院是否仅仅审查死刑并非“残酷且异常”的主张有其合理性？——如果法院的答案是肯定的，则支持这部认可死刑的法律。或者，从另一角度出发，径行考察死刑是否是“残酷且异常”的？——如果答案是肯定的，则推翻该法律。塞耶谦抑主义显然要求法院采取前一种处理方式，而非后者。那么，塞耶主义对于死刑合宪性这个争议话题的意义何在呢？

在本章中已经详细阐明了，为什么可以合理地得出如下结论：即便死刑在本质上并非野蛮的刑罚，也侵犯了美国宪法中某

个重要的人权条款,即第八修正案所禁止的,不得适用本质上十分野蛮的刑罚,或者能从刑罚不常适用的事实被证明的,对于实现刑罚的立法目的来说过分严酷而显失必要的刑罚。[55] 但是, 86
我并不否定,可以合理地推翻这一结论。能否合理推翻这一结论,最终取决于能否合理地确认下述两个主张中的任何一个。(以下"得克萨斯州"代表任何一个死刑在其制度中存在争议的州)[56]

(1) 在得克萨斯州(或者在美国,如果系争的是联邦制度),死刑具有,或者可能具有威慑作用。

(2) 即便适用死刑在得克萨斯是否有威慑犯罪的积极效果仍难以确定,但在解决这一疑问时,得州立法者也会倾向于假设死刑确实具有一定的积极效果;也就是说,立法者在解决这一疑问时,倾向于保护无辜者,而不是犯下可恶罪行的罪犯。立法者必须作出选择,而在这项选择中,他们可以选择倾向无辜者的利益。

如果上述任何一个判断能够合理地得出肯定的答案,那么就有 87
理由相信,在得克萨斯州,死刑并非过分严酷而显失必要,从而违反了第八修正案。故试问,上述主张中是否有哪一个是合理的呢?我倾向于肯定的答案,但如果是那样的话,对此答案而言,重要的问题在于:一位践行塞耶谦抑主义的最高法院法官,应当考量的,并不是

---

〔55〕 新泽西死刑研究委员会(The New Jersey Death Penalty Study Commission)的报告发现(2007年1月),"并没有强有力的证据证明,死刑在新泽西州合理地实现了合法的刑罚目的。"报告同时表明"而终身监禁是一种有效的替代方式,它可以有效地确保公众安全,并实现其他合法的社会学或者是刑罚学的目的,并为谋杀罪受害者家属提供保障。"参见 pp. 24-30, 56-61。

〔56〕 Cf. Editorial "No Airtight Case for Death," The Birmingham News, November 10, 2005, at 8A:"得州……占全美所有处决人数的1/3。去年(2004年),全国被处决的59人中,得州占了23人;其他州中没有一个是接近两位数的。"

自问死刑在得克萨斯州是否(可能)具有威慑效果,而是是否有理由相信,适用死刑在事实上或者有可能有利于对无辜者的保护。

假定关于死刑是否属于第八修正案所说的“残酷且异常”,存在合理分歧的空间;而且,根据(pace)塞耶主义的要求,最高法院不应该判定死刑违反了第八修正案。那么,在判定针对智障人士、未成年人(犯罪时未满18周岁者)适用死刑是否为“残酷且异常”时,是否也存在合理分歧的空间呢?即便有人认同在某些情形下
88 适用死刑可能具有威慑效果,但是,废除对智力障碍者、未成年人适用死刑,会导致这些死刑的威慑效果减损,这种观点是不是有点
89 让人难以置信?〔57〕 如果答案是肯定的,那么,关于针对智障人士

---

〔57〕 最高法院对这个问题曾有过讨论。参见 Atkins v. Virginia, 536 U. S. 304, 319-20:

> 关于威慑作用——预防死刑犯罪在今后出现,只有在谋杀是有预谋的、故意实施的情形,死刑在才有一定的威慑作用。认知和行为能力的障碍将会使(智障人士)道德上的可责性减小——例如,信息理解和处理能力、经验获知能力、逻辑推理能力、冲动控制能力的缺乏……也会使他们无法处理可能被处以死刑的这一信息,并基于这些信息控制自己的行为。因此,对智障人士免除死刑并不会削弱死刑对非智障人士的威慑作用,后者并没有受到豁免,将继续面临死刑的威胁。

另参见 Roper v. Simmons, 543 U. S. 551, 571-72 (2005)(对于未成年人的情形采取了同样的观点)。

即便有人认为,与我在本章中的观点相反,对于某些情形适用死刑可能存在报应正义,但认为对于智障人士或者是未成年人适用死刑符合报应正义,是让人难以置信的,因为两者中无论哪个群体,在道德上的可归责性都是明显缺乏的。最高法院对这一问题也有过讨论。Atkins v. Virginia, supra this note, at 319:

> 关于报应作用——让犯罪受到应有的惩罚,合适的刑罚严重程度,必然取决于罪犯的可责性程度。……如果普通谋杀犯的可责性,不足以正当化一国最极端的刑罚,智障罪犯较低的可责性当然不足以适用这种报应形式。

进一步参见 Roper v. Simmons, supra this note, 571:

> 无论是为了表达社会的道德愤怒或为了弥补受害者所受不公正待遇,对于未成年人科以刑罚的报应效果,并没有对成年人科以刑罚那么强。如果将法律上最严厉的刑罚施加在那些实质上因为年幼或心智不成熟而缺乏(道德上的)可责性或应受谴责性的人身上,这种报应是不合比例的。

或未成年人适用死刑是否"残酷"(在就实现刑罚的立法目的而言过分严酷而显失必要这一意义上)的判决,就不存在有合理分歧的裁量空间。

当然,关于针对智障人士或未成年人适用死刑是否"异常"(在不常适用的意义上)的判决,也不存在有合理分歧的裁量空间。正如我之前已经阐述,处死任何一个罪犯都是极端罕见的——因为死刑制度本身在自由民主国家就是极端罕见的。[58]

所以,如果最高法院中都是践行塞耶谦抑主义的法官,会得出这样的结论——在我看来,应该得出这样的结论——宪法第八修正案禁止"得克萨斯州"对智障人士以及未成年人适用死刑。而事实上,最高法院中当然不会都是塞耶式的法官,但它也是这样给出结论的:如 2002 年的阿特金斯诉弗吉尼亚州案(Atkins v. Virginia)(涉及智障人士)[59],以及 2005 年的罗佩尔诉西蒙斯案 90
(Roper v. Simmons)(涉及未成年人)。[60] 即便从塞耶谦抑主义的角度出发,上述判决也都是合理的。

不过合理的并不意味着是必然的。我认为,废除对智力障碍者、未成年人适用死刑,会导致这些死刑的威慑效果减损,这项观点是不合理的。但是我怀疑恐怕不是每个法官都会这样认为。合理与否,是一个程度问题,而且正如我在上一章阐述的一样,我们不能指望每一个秉持谦抑主义的法院能在区分合理与不合理时采取完全相同的基准——或者,因此在个案中以同样的方式判断。

---

〔58〕 而且,对于智障人士和未成年人执行死刑的情形,在最高法院判定这类死刑违反第八修正案之前,就已经非常少见。参见 Atkins v. Virginia, 536 U. S. 304, 313-16 (2002)(涉及智障人士);Roper v. Simmons, 543 U. S. 551, 564-67(涉及未成年人)。

〔59〕 536 U. S. 304.

〔60〕 543 U. S. 551.

需要重申的是，塞耶谦抑主义并不是一种审查的方法(algorithm)；而只是一种司法态度或司法导向。塞耶谦抑主义并不能将司法主观性的角色从宪法审查中剥离出来；任何主义都不能。

尽管如此，与一种非谦抑性的态度相比，塞耶主义留给司法主观性较小的空间，正如前一章所引的段落，桑福德·盖宾(Sanford Gabin)指出：

> 如同所有的向导(guideposts)一样，塞耶的规则不足以自
> 91 行(self-applying)。即便受限于实施规则，法官，就像刑事陪审团，对于哪些因素可构成合理怀疑仍旧会产生分歧；合理怀疑的可能性以及构成要素，不会不论合理程度如何，总能同样地打动所有人。因此，即便采用塞耶式的规则，法官决策的自由与负担仍然存在。但是，司法裁量的自由受到了限缩，这就是塞耶的目的。他希望在并不削减司法责任和审查负担的前提下，限缩司法裁量的空间。[61]

---

〔61〕 Sanford Gabin, Judicial Review and the Reasonable Doubt Test 45-46 (1980). 引文中的强调为笔者所加。

正如我们在上一章中看到的，人们可以轻易地认定一部法律（或其他政策）侵犯了宪法人权，并同时认为最高法院应当如此判决。然而，人们不能轻易地认定最高法院应当判决一部法律侵犯了宪法人权，却同时认为该部法律没有侵犯到这些权利；的确，从塞耶主义的视角来看，只有当最高法院断定，系争法律未侵犯相关权利的主张是不合理的情况下，才应当作出这部法律侵犯了宪法人权的判决。在本章中，我认为，即使贯彻了塞耶谦抑主义，最高法院也应当判决，那些拒绝将法律保障延伸至同性结合领域的州
94 立法行为违宪——因为那种认为这类拒绝并未违宪的主张，不仅是错误的，而且是不合理的。

当然，指望最高法院会在短期判定那些拒绝将法律保障延伸至同性结合领域的州立法行为违宪，（温和地说）是不切实际的。但是这并不意味着这种拒绝就是合宪的。当 1896 年的普莱西诉弗格森案（Plessy v. Ferguson）[1]判决作出后，指望最高法院会判定那些法律上的（de jure）种族隔离措施违反宪法第十

---

〔1〕 163 U.S. 547.

四修正案，就曾一度是不切实际的。[2] 尽管如此，哈伦大法官(Justice Harlan)在该案中所表达的慷慨激昂且富有远见的异议观点是正确的，即这种隔离确实违反了（*did* violate）第十四修正案。[3]

Ⅰ. 公民资格平等原则 95

第十四修正案第1款包含了两句话，第一句规定：“凡在合众国出生或归化合众国并受其管辖的人，均为合众国的和他们居住州的公民。”正如第十四修正案通过后的第四年，最高法院在屠杀场案（The Slaughter-House Cases）判决中所强调的，第1款的第一句，旨在“通过使所有在合众国出生并受合众国管辖的人，均成为合众国（和他所居住的州）的公民，来推翻在德雷德·斯科特案(Dred Scott)中所作出的决定”。[4] 1857年的德雷德·斯科特诉桑福德案（Dred Scott v. Sandford）[5]，被广泛认为是美国历史上

---

〔2〕 Cf. Richard A. Posner, “Should There Be Homosexual Marriage, And If So, Who Should Decide?” 95 Michigan L. Rev. 1578, 1586 (1997)：“当(1954年)最高法院反对公立学校种族隔离时，他们其实是在对抗一个地区的多数人但是整个国家的少数人(南方的白种人)。当(1967年)最高法院判决禁止种族通婚的法律不合法时，只有少数州有这类成文法律。”最近，波斯纳(Posner)写道：“布朗诉教育委员会一案[Brown v. Board of Education, 347 U.S. 483 (1954)]，如果发生在1900年而不是20世纪50年代，那么将是不可想象的——且按照我实用主义的观点，是错误的，因为在1900年，绝大多数的美国人都会认为强制在公立学校进行种族融合是不适当的。”Richard Posner, “Gay Marriage - Posner's Response to Comments,” The Becker-Posner Blog, July 24, 2005, http://becker-posner-blog.com.

〔3〕 参见163 U.S. at 552-64.

〔4〕 Slaughter-House Cases, 83 U.S. (16 Wall.) 36, 73 (1872).

〔5〕 60 U.S. (19 How.) 393.

最站不住脚的宪法裁判之一，[6]在这个案件中，最高法院认为，正如其 14 年后在屠杀场案中提到的那样，“非洲裔血统者，无论是否
96 为奴隶，都不是且不能成为美国及其各州的公民。”[7]在屠杀场案中，法院陈述道：

> 毫无疑问，（第十四修正案的第一款第一句的）主要目的在于建立黑奴的公民资格。‘受其管辖’，这个措辞的意图在于，将外国官员、领事和公民或其他主体在美国境内出生的孩子，排除在适用范围之外。[8]

至于第 1 款的第二句话，则规定：

> 任何一州，都不得制定或实施限制合众国公民的特权或豁免权的任何法律；不经正当法律程序，不得剥夺任何人的生命、自由或财产；对于在其管辖下的任何人，亦不得拒绝给予平等法律保护。

那么，各州拒绝将法律保障延伸至同性结合的领域，是否违反了第十四修正案呢？答案取决于第 1 款的第二句话的语义究竟为何。

正如宪法第八修正案以及《权利法案》（*the Bill of Rights*）的其他内容是人民（the People）的文本——那些在 1789—1791 年间，通过他们选出的代表批准法案的公民们——“制定和确立”

---

〔6〕 参见 Don E. Fehrenbacher, The Dred Scott Case: Its Significance in American Law and Politics (1978)。更简要的评论，参见 Don E. Fehrenbacher, “Dred Scott v. Sandford, 19 Howard 393 (1857),” 2 Encyclopedia of the American Constitution 584 (Leonard W. Levy, Kenneth L. Karst, & Dennis J. Mahoney, eds., 1986).

〔7〕 83 U.S. at 73.

〔8〕 Id..

了——《权利法案》,第十四修正案的内容,则属于那些 1866— 97
1868 年间,通过他们选出的代表批准了第十四修正案的人民。第 1 款的第二句话,是他们的文本;是他们对三项规则(imperative)的书面的表达;除非我们知道第 1 款的第二句话对他们来说意味着什么,否则我们无从得知,拒绝将法律保障延伸至同性结合领域的州立法行为,是否违反了他们这些规则中的一项或者多项。

因此,那些 1866—1868 年间使第十四修正案成为宪法一部分的人民,到底是如何理解这第二句话的意思的呢? 对于这个问题,我在《我们人民:第十四修正案和最高法院》(*We the People*: *The Fourteenth Amendment and the Supreme Court*)中已做详细阐述;在这里,我只简要复述一下我的主要结论。读者对我的结论若有所怀疑,或者想作进一步的了解,可参阅《我们人民》一书,并对书中的观点作一评价。[9]

在南北战争的余波中,人民很快意识到,一个州能够——前美利坚邦联则确实那么做了——通过三种不同方式压迫原来身为奴隶的人们。第 1 款第二句话的三个条款(规则),分别对应着一些州政府官员可能寻求的压迫某类人群的三种方式之一——每个条款对应着一种不同的方式。

正当程序条款(The due process clause)。人民旨在通过正当 98
程序条款,禁止州政府官员不经司法审查程序(extrajudicially)而剥夺任何人的生命、自由,即人身自由或者财产;在正当程序条款之下,州政府可以处决一个人(生命),或者囚禁他(自由),或者对其罚款或没收财产,这些情形如果发生,必须依据"正当法律程

〔9〕 参见 Michael J. Perry, We the People: The Fourteenth Amendment and the Supreme Court 48-85 (1999).

序”。人民所理解的法律程序(程序保障)，是指对于州法所调整的公民或其他人一般而言是正当的。至于人民将“正当法律程序”扩展到上述正当的程序之外，则既不得而知，也与本书不甚相关。[10]

平等保护条款(The equal protection clause)。人民旨在通过平等保护条款，要求州政府官员对其管辖权范围内每个人给予同等的保护(“平等保护”)，指的是对州法所调整的人一般而言是正当的“法律上”的同等保护。什么法律？这里是指保护性法律(protective laws)：保护人的生命、自由或财产的法律，诸如禁止凶杀、绑架或者盗窃。[11]

特权或豁免权条款(The privileges or immunities clause)。即使州的政府官员没有违背对州法所调整的人一般而言是正当的程
99 序，而剥夺任何人的生命、自由或财产，即使他们没有放弃保护每一个人的生命、自由或财产免遭非法剥夺的法律职责，他们仍可以寻求第三种方式去压迫某些公民，南北战争之后一些州的政府官员确实这么做了：通过制定和实施这样一些法律，它们把某些公民(如原来的奴隶们)视为比其他公民更低贱的人——将某些公民视作二等公民(或者更糟)的法律。通过禁止州政府“制定或实施限制合众国公民的特权或豁免权的任何法律……，”人民旨在禁止州政府制定或实施任何将某些公民视作二等公民的法律。特权或豁免权条款因此对第1款第一句形成了补充：如果一个州可以将某些公民视作二等公民，那么规定“凡在合众国出生或归化合众国并受其管辖的人，均为合众国的和他们居住州的公民”又有什么意义？

---

〔10〕 参见 id., at 52-53.

〔11〕 参见 id., at 54-57.

特权或豁免权条款并不要求各州对他们的公民都一视同仁。州可以给某些公民相对较差的待遇；比如，州可以拒绝为 16 周岁以下的公民颁发驾驶执照。然而，除非在实施州的“警察”权力时，否则不能作如此差别待遇。州不得给予任何公民劣于他人的待遇，除非是出于州“警察”权力（“police” power）的行使。所谓“警 100
察”权力，是指为服务（serve）[保障、保护（protect，secure）]公共利益（public good）而行使的州立法权力。此外，依据特权或豁免权条款，如果一部法律——一种差别待遇——是基于（is base on）并且承认，那些受到劣等待遇的公民是二等公民，与其他公民相比缺乏尊严（dignity）[价值、重要性（worth，value）]，或者他们的利益（他们的需求和欲望）与其他公民的利益相比更微不足道，这部法律——尤其给予某些公民劣等待遇的情形——则不能算作是警察权力的行使。所谓“基于”，指的是要不是因为这一观点——要是没有这一观点——这项法律不会被颁布。

那么，一部歧视非白色人种群体的法律——给予他们比对白种人劣等的待遇——是否违反了第十四修正案（的特权或豁免权条款）？是否侵犯了公民资格平等原则（mandate of equal citizenship）？如果这项法律是基于种族主义者的观点，即认为非白色人种群体，比如，是二等公民，他们缺乏尊严，他们的利益与白种人相比更微不足道，那么答案是肯定的。诸如在布朗诉教育委员会案（Brown v. Board of Education，涉及法律上的种族隔离）[12]和洛文诉弗吉尼亚州案（Loving v. Virginia）[13]（涉及反种族通婚的法律）中被推翻的法律和政策——那些体现或残留着种

---

〔12〕 347 U.S. 483 (1954).

〔13〕 388 U.S. 1 (1967).

101 族隔离制度的法律和政策——明显的是基于非白色人种群体即二等公民的观点。[14]

博林诉夏普案(Bolling v. Sharpe),[15]作为布朗诉教育委员会案的姐妹案件(companion case),牵涉了联邦行为而非州行为:实施了法律上的种族隔离措施的哥伦比亚特区的公立学校,是一个联邦实体(a federal entity)。最高法院认为,尽管第十四修正案不适用于联邦行为,但适用于联邦行为的宪法第十五修正案的正当程序条款,禁止了联邦政府参与到州实施的有可能违反第十四修正案的歧视行为。然而,认为第十四修正案不适用于联邦行为的观点,却是错误的。第十四修正案第1款的第一句既是对州行为的限制,也是对联邦行为的限制:"凡在合众国出生或归化合众国并受其管辖的人,均为合众国的和他们居住州的公民。"而且,如
102 前文所述,第二句话中的特权或豁免权条款,旨在通过强调第一句话所保护的公民资格是平等的公民资格,以形成对第一句话的保障。联系当时的历史环境,我们可以理解,第二句话其实是(并且现在也是)明确直接地反对某些州行为的:"任何一州,都不得制定或实施限制合众国公民的特权或豁免权的任何法律……"但尽管如此,不可否认地,第十四修正案的第1款中仍然暗含了一项内容:不仅州政府,联邦政府也同样必须尊重合众国的和居住在各

---

〔14〕 同样,如果一部法律是基于白种人本身即是二等公民的观点,这部给予白种人比非白色人种群体更劣等的待遇的法律也违反了第十四修正案。但是,如我已经在其他地方论证过的,认为政府的种族纠偏行为(race-based affirmative action)是基于这类观点,则是不充分的,例如,在格鲁特尔诉博林杰案[Grutter v. Bollinger 539 U. S. 306 (2003)]中,得到最高法院所支持的密歇根大学法学院的招生措施,以及在格拉茨诉博林杰案[Gratz v. Bollinger)539 U. S. 244 (2003)]中被最高院所否定的密歇根大学本科生的招生措施(undergraduate program)。参见 Perry, We the People, n. 9, at 97-112.

〔15〕 347 U. S. 497 (1954).

州的公民之平等的公民资格。[16] 所以在 Bolling 案中，最高法院的判决倘若是根据第十四修正案关于特权或豁免权条款的原义(original meaning)得出，而不是根据第十五修正案关于正当程序条款的非原义(non-orininal meaning)作出的话，可能会更好些。但无论如何，最高法院在 Bolling 案中有一点是正确的："根据我们(在布朗案中)的决定，宪法禁止州设立采取种族隔离措施的公立学校，如果说同一部宪法要求联邦政府对于这个问题承担更少的义务，那简直是不可想象的。"[17]

---

〔16〕 参见 Akhil Reed Amar, America's Constitution: A Biography 382 (2005).

〔17〕 347 U.S. at 500. 我想对另一个著名的——出了名的有问题的——涉及种族歧视的判决作一个简短的评论：谢利诉克雷默案[Shelley v. Kraemer, 334 U.S. 1 (1948)]。参见，比如 Mark D. Rosen, "Was Shelley v. Kraemer Wrongly Decided? Some New Answers," 95 California L. Rev. 451 (2007)。第十四修正案规定的平等公民资格，要求政府尊重所有公民的平等的公民资格。如果政府以二等公民对待某些公民的话，即未能尊重所有公民的平等的公民资格。此外，在下述情况下，政府同样也没有尊重所有公民平等的公民资格，如果政府①主动促使私人(非政府)主体以二等公民对待某些公民，或者②在没有正当理由情况下，选择不去禁止私人主体实施上述行为。政府选择不禁止私人主体实施以二等公民对待某些公民的行为，并不必然是不尊重所有公民的平等的公民资格：是否属于不尊重所有公民的平等的公民资格，取决于政府是否有正当理由不去禁止这种行为。在波顿诉威明顿车辆管理局案[Burton v. Wilmington Parking Authority, 365 U.S. 715 (1961)]中，最高法院正确地总结道，政府不仅有正当理由去禁止种族歧视行为，而且是有不可抗拒的理由去禁止这种行为。此外，即使是秉持塞耶主义的法院，也会并且应当得出这样的结论，关于是否有正当理由不去禁止这种行为，在判决中不存在合理异议的余地。

选择不去禁止某种行为是一回事；主动促使某种行为是另一回事。很难想象这样一种情形，政府主动促使私人主体以二等公民对待某些公民，却没有违背尊重所有公民的平等公民资格这一要求。谢利诉克雷默案中的事实，无论如何也无法构成这种情形。所以，法院对该案的判决是正确的：通过对谢利执行系争的种族限制性条款，加州法院没有尊重那些被限制性条款所排除的"非白色人种群体"的平等公民资格——即使是秉持塞耶主义的法院，也会并且应当会认为，关于加州法院是否没有尊重上述公民的平等公民资格，在判决中不存在合理异议的余地。

103 再次强调，如果一部法律是基于这样的观点，即认为非白色人
种群体，比如，是二等公民，他们缺乏尊严，他们的利益与白种人相
比更微不足道，那么，这部歧视非白色人种群体的法律——给予他
104 们比对白种人劣等的待遇——违反了第十四修正案。同样地，如
果这项法律是基于女性是二等公民的观念，那么，这部歧视女性的
法律——给予她们比对男性劣等的待遇——违反了第十四修正
案。如果一部法律是基于同性恋者是二等公民的观念，那么，这部
歧视同性恋者的法律——给予他（她）们比对异性恋者劣等的待
遇——违反了第十四修正案。如此等等。

有时候，正如在布朗案和 Loving 案中能够很明显地看出的，一部法律对待某些公民——非白色人种群体、女性等——比其他公民更劣等的待遇，是基于那些受到劣等待遇的公民是二等公民的观念，在某种意义上与其他公民相比缺乏尊严，或者他们的利益与其他公民的利益相比更微不足道。当一部法律清晰无误地体现了某些公民是二等公民的这种观点，对此不存在合理怀疑时，这个案件也就毫无悬念了：州不能将任何公民作为二等公民对待。就是这样（period）。

然而，当这一点并不十分清楚时，法院——尤其是最高法
院——应该怎么做？根据公民资格平等原则，州不得给予任何公
民劣于他人的待遇，除非是出于州“警察”权力的行使：正如最高
法院在 1887 年的表述，州立法权“从根本上决定了什么措施是为
105 保护公共道德、公共健康或公共安全的恰当的或者必要的手
段”[18]。除非满足以下三个条件，否则该法律——此种差别待

[18] Mugler v. Kansas, 123 U. S. 623, 660-61 (1887). 参见 Santiago Legarre, “The Historical Background of the Police Power,” 9 U. Pennsylvania J. Const'l L. 745 (2007).

遇——就不属于对警察权力的行使：

> 1. 该差别待遇旨在服务的利益，是一项公共利益(public good)。现代人权话语中的公共利益，包含“公共安全(public safety)、公共秩序(public order)、公共健康(public health)、公共道德(public morals)，以及他人的基本权利与自由”。[19]

我所谓“该差别待遇旨在服务的利益”，是指法律制定时载入法律文本所要服务的利益(或利益群)——或者，如果有所不同的话，当下法律文本中所体现的利益。毕竟，除非我们知道，各州制定法律或维系该法律的真正理由，其所推定的公共利益，究竟是什么，否则我们无从探知，该州在法律制定时，或者决定维系该法律时，是否真正在行使警察权力。

> 2. 该差别待遇，确实是服务于它旨在服务的公共利益。
>
> 3. 该差别待遇，以符合比例的方式(in a proportionate fashion)服务于公共利益：与差别待遇所服务的利益相比，被 106
> 差别对待的公民所承受的代价，不至于巨大到、不合比例到该差别待遇不具有合理的理由(reasonable justification)，即不能举出合理的情形。[20]

从塞耶主义的视角——即本章的角度——来看，法院所要处理的问题，不在于径直判断这三个条件是否满足，而仅在于判断声

---

〔19〕 参见，比如 Article 18 of the International Covenant on Civil and Political Rights.

〔20〕 参见 Perry, We the People, n. 39, at 57-77。如果“并入”《权利法案》又如何呢？ Cf. chapter 1, 39. 简单说就是，假如一部州法没有合理地行使警察权力，放到全国性(联邦)法律的情况时，就是违反了《权利法案》。参见 id. , at 77-80.

称三个条件被满足的主张是否合理(reasonable)。[21] 一个秉持塞耶谦抑主义的法院,需要考察以下结论是否合理:①该差别待遇,旨在服务的利益乃是一种公共利益,②该差别待遇,确实是服务于它旨在服务的公共利益,以及③该差别待遇,以符合比例的方式达到了这个目的。(请回想第二章中提出的,若一个理性、信息全面、深思熟虑的人能得出这样一个结论,这一结论就是合理的。)[22]如果没法得出该差别待遇旨在服务的利益乃真
107 实的公共利益,或者该差别待遇是合比例的这样的主张,那么,剩下的结论才会是:该差别待遇,是基于被区别对待者是二等公民的观念作出的。

尽管,对于我所阐述的第十四修正案第1款第二句话——特别是关于特权或豁免权条款——的意义,只有单薄的历史性(原旨主义者的)依据,但第一款第二句话禁止政府基于他们是二等公民的观点而歧视任何公民——即给予其中任何公民以劣等待遇,无疑是宪法的基石。[23] 正如,尽管充其量只有少量历史依据,支持宪法第五修正案征收条款(takings clause)适用于州政府,[24]但这

---

〔21〕 Cf. Stephen Breyer, Active Liberty: Interpreting Our Democratic Constitution 17 (2005):“无论一个法官是‘赞同或者反对’一部法律中所体现的智慧,‘都不影响多数人在法律中体现其观点的权利’。”引自奥利弗·温德尔·霍姆斯(Oliver Wendell Holmes)在洛克纳诉纽约案[Lochner v. New York, 198 U.S. 45, 75 (1905)]中的异议意见。另参见 id., at 18-19,引用了路易斯·布兰代斯(Louis Brandeis)、菲利克斯·法兰克福特(Felix Frankfurter)和勒尼德·汉德(Learned Hand)所表达的相同的意思。

〔22〕 参见第二章的脚注〔11〕以及相应的文本。

〔23〕 参见 Perry, We the People. n. 9, at 82-87.

〔24〕 参见 Chicago, B. & Q. R. Co. v. Chicago, 166 U.S. 226 (1897); Kelo v. City of New London, 545 U.S. 469, 472 n. 1 (2005).

仍然是宪法的基石。[25] 这就像迈克尔·麦克内尔(Michael
McConnell)最近提到的，“很多决定，尽管在作出之时是有问题的或
者有争议的，但也已经成为美国人生活结构的一部分；难以想象它 108
们现在会被推翻……这种势不可挡的公共接纳(public acceptance)
构成了一种大众认可(popular ratification)的模式……”[26]那么，关
键的问题，不是，政府是否有权基于某些公民属于二等公民的观点，
而对其采取歧视措施，而是被认为基于上述观点所订立的法律，实
际上是否如此——并且因此违反了第十四修正案。

Ⅱ. 州政府拒绝认可同性结合，是否侵犯了公民资格平等原则？[27]

一部歧视同性恋者的法律是否违反了第十四修正案？如果这

〔25〕 参见 Aviam Soifer, “Text-Mess: There Is No Textual Basis for Application of the Takings Clause to the States,” 28 U. Hawaii L. Rev. 373 (2006)。如果一项宪法原则设置精良，并且没有明显推崇——尤其是在政治精英中——放弃这种原则的情形，这项宪法上的原理就构成宪法的基石。参见 Perry, We the People, n. 9, at 19-23.

〔26〕 Michael W. McConnell, “Active Liberty: A Progressive Alternative to Textualism and Originalism?” 119 Harvard L. Rev. 2387, 2417 (2006).

〔27〕 我在本章中不讨论第十四修正案是否要求承认同性结合为“婚姻”。关于“婚姻”与“民事结合”(“civil unions”)之间的问题，请比较两篇文章：David S. Buckel, “Government Affixes a Label of Inferiority on Same-Sex Couples When It Imposes Civil Unions & Denies Access to Marriage,” 16 Stanford L. & Pol'y Rev. 73 (2005) 与 Andrew Koppelman, “Civil Conflict and Same-Sex Civil Unions,” Responsive Community, Spring/Summer 2004, at 20. In Lewis v. Harris, 908 A. 2d 196 (NJ 2006)，新泽西州最高法院一致认为，在州宪法之下，民事结合的法律所包含的全部利益(和责任)均应延伸至同性结合领域，但是对于同性结合是否应被冠以“婚姻”的名义，则形成了 4∶3 的票数，多数法官倾向于拒绝迈出这额外的一步。Cf. Adam Liptak, “Caution in Court for Gay Rights Groups,” New York Times, November 12, 2004.

项法律是基于同性恋者是二等公民的观点的话，那么答案就是肯
109 定的。这样的观点对我们来说并不陌生。理查德·波斯纳(Richard Posner)写过，同性恋者与“同样在中世纪受到迫害的犹太人”一样，“对他们的非理性的恐惧和憎恨，……更多的是由于他们的身份而非他们的行为……”[28]同样，让我们回想一下。

> 法官在对奥斯卡·王尔德(Oscar Wilde)犯鸡奸罪(sodomy)的宣判中所做的著名言论，也是同性恋历史上最杰出的法律文本之一，“对待这些囚犯，就像对待恶心的对象、肮脏的污染物，他们不是真正的人，因此他们不需要当作人类来对待。”与此言论类似的，是海因里希·希姆莱(Heinrich Himmler)对他的党卫军军官所说的话，他解释道，中世纪德
> 110 国将男同性恋者淹死在沼泽中“并非惩罚，仅仅是对变态生命的终结而已。就像我们(如今)拔掉刺荨麻，将它们堆起来

---

〔28〕 Richard Posner, Sex and Reason 346 (1992). Cf. Louis Crompton, Homosexuality and Civilization (2003). 爱德华·罗特斯坦(Edward Rothstein)对克朗普顿(Crompton)的书进行了探讨，参见 Edward Rothstein, "Annals of Homosexuality: From Greek to Grim to Gay," New York Times, December 13, 2003.

历史告诉我们，对任何群体，“更多地因为他们的身份而非他们的行为”而产生的“非理性恐惧和憎恨”，往往会导致悲剧的后果。对同性恋者的非理性恐惧和憎恨——因为他们的身份而非他们的行为而产生的恐惧和憎恨——也不例外。例如，可怕的“殴打同性恋者”现象。“一位在医院中参与受害者援助项目的协调员报告称，‘对同性恋者的攻击，是我见过的暴行中最凶恶和最残忍的。’一位内科医生则称，恐同暴力(homophobic violence)受害者们所受到的伤害，是如此之‘恶毒’以至于让人觉得施暴者的‘动机是杀害和致残’……” Andrew Koppelman, Antidiscrimination Law & Social Equality 165 (1996). “正如青少年自杀现象联邦特别工作组所指出，由于‘同性恋青年面临着受到敌对和谴责的环境，口头和身体上的虐待，以及家庭和同龄人的拒绝和孤立，’试图自杀的同性恋青年，是其他试图自杀者人数的两到三倍。” Id., at 149.

然后烧掉一样，我们不得不除掉他们。”〔29〕

然而，我们有理由怀疑，在现在的自由民主国家中，包括美国在内，波斯纳大法官所说的——认为同性恋者并非真正的、完整的人类的观点——是“非理性的恐惧和憎恨”，能否解释大部分关于反对将法律保障延伸至同性结合领域的观点。的确，天主教的教皇和主教们是最主要的反对者；但是，教皇以及主教们的教义中提到，“关于同性恋者的尊严是明确的。他们必须受尊重地(respect)、受同情地(compassion)和体贴地(sensitivity)被接纳。我们尊重他们，意味着我们谴责任何形式的不公正歧视、骚扰(harassment)或虐待(abuse)。”〔30〕恨的是罪恶，而爱的是犯下罪恶的人。〔31〕

在任何情况下，那些歧视同性恋者的法律(和其他政策)——
歧视的是人，因他们同性恋身份而给予他们劣等待遇——至少在 111
表面上不同于那些歧视同性的性(生殖)行为的法律：前一类型的法律只适用于同性恋者，即使他们是禁欲的(celibate)，后一类型的法律的适用对象则不区分是否为同性恋者。(一部禁止同性恋者在公立学校从事教师职业的法律即为前一类型的法律。)那么后一类型的法律——尤其是拒绝将法律保障延伸至同性结合的领域——是否违反了第十四修正案？后一类型的法律，给予某些公民——那些发生同性性行为的人——比那些没有发生这类行为的

〔29〕 Andrew Koppelman, “Are the Boy Scouts Being as Bad as Racists? Judging the Scouts' Antigay Policy,” 18 Public Affairs Quarterly 363, 372 (2004).

〔30〕 USCCB Administrative Committee, “Promote, Protect, Preserve Marriage: Statement on Marriage and Homosexual Unions,” 33 Origins 257, 259 (2003).

〔31〕 参见 Robert F. Nagel, “Playing Defense in Colorado,” First Things, May 1998, at 34, 35: “有一种明显但重要的可能性，我们可以‘恨’一个人的行为，但并不恨这个人。”

人劣等的待遇。这种法律是否是基于以下观点，那些受到劣等待遇的人，因他们发生了同性性行为，而成为二等公民？或者换句话说，这些法律仅仅是为了服务于公共利益吗？是什么样的公共利益呢？此处的公共利益就是，不鼓励（encouraging）[激励（incentivizing）]那些被认为是不道德的性行为。“种族主义的类比是有力的；在表明愤怒的敌意和对攻击目标的憎恨中，美国存在的大部分反同性恋的态度与种族主义如出一辙。”[32]然而，“并非
112 所有的反同性恋观点……都否认同性恋者的人格和平等的公民资格……这里必须举行一场针对性和道德的严肃讨论。”[33]

大部分州拒绝承认——他们拒绝将法律保障延伸至——同性结合。[34] 为此，一个州

> 有效地将同性伴侣（same-sex partners）排除在了一系列婚姻关系中的法律上的权益和保护事项之外，包括享受配偶医疗、人身和残疾保险、医院探视和其他医疗决策上的特权，配偶

---

〔32〕 Andrew Koppelman, “You Can't Hurry Love: Why Antidiscrimination Protections for Gay People Should Have Religious Exemptions,” 72 Brooklyn L. Rev. 125, 145 (2006).

〔33〕 Id..

〔34〕 参见 Lewis v. Harris, 908 A. 2d at 219：“如今只有康涅狄格州和佛蒙特州以民事结合（civil unions）的名义，以及马萨诸塞州以婚姻的名义，给予同性结合与异性婚姻完全的权力和利益……其他一些地区（加利福尼亚州、夏威夷、缅因州和哥伦比亚特区）……通过同居伴侣方案（domestic partnership schemes）给予他们部分但并不完全的权利。”联系新泽西州最高法院在路易斯诉哈里斯案（Lewis v. Harris）中的判决，以及新罕布什尔州最近的立法活动，新泽西州和新罕布什尔州如今也加入了康涅狄格州、马萨诸塞州和佛蒙特州。根据皮尤研究中心（Pew Research Center）2007年的一项调查，多数美国人（55%）反对同性婚姻合法化，但是少数（37%）支持合法化的人却有重要意义。此外，皮尤研究中心2006年的一项调查显示，多数美国人（54%）支持给予男同性者和女同性者以民事结合的地位。

在本书写作之时（2008），荷兰（2000）、比利时（2003）、西班牙（2005）、加拿大（2005）以及南非（2006）都已经将同性婚姻合法化。

赡养、无遗嘱继承、宅地保护,以及诸多其他法定保护。[35]

再次重申,一个遵循塞耶谦抑主义的法院,需要考察以下结论 113
是否合理:(1)该差别待遇,旨在服务的利益乃是一种公共利益;(2)该差别待遇,确实是服务于它旨在服务的公共利益;以及(3)该差别待遇,以符合比例的方式达到了这个目的。然而,法院首先必须认定差别待遇所服务的究竟是什么利益。

2006 年 7 月 6 日,纽约州上诉法院(以及纽约最高法院)的多数意见表明:纽约州拒绝将法律保障延伸至同性结合的领域,其旨在服务的利益包含两个层面:(1)最小化非婚生儿童的数量,以及(2)最大化由父母共同抚养的儿童的数量。[36] 数周之内,联邦上诉法院第八巡回审判庭的三法官合议庭(three-judge panel)(2006 年 7 月 14 日)以及华盛顿州最高法院(2006 年 7 月 26 日)的多数意见也认同了这一观点。利益(1)与利益(2)属于公共利益
是确凿无疑的。[37] 但即使我们假定,将异性婚姻纳入法律保护范 114

---

〔35〕 Baker v. Vermont, 744 A. 2d 864, 870 (VT 1999). 关于此问题中相关利益的更详细说明,请参见 id., at 883-84。另参见 Goodridge v. [Massachusetts] Department of Public Health, 798 N. E. 2d 941, 955-57 (MA 2003); Hernandez v. Robles, 855 N. E. 2d 1, 6-7 (NY 2006).

〔36〕 参见 Hernandez v. Robles, 855 N. E. 2d 1, 7-8 (NY 2006); Citizens for Equal Protection v. Bruning, 455 F. 3d 859, 867-68 (8th Cir. 2006); Andersen v. King County, 138 P. 3d 963, 982-85 (WA 2006).

〔37〕 最大化由双亲共同抚养的儿童数量是一种公共利益,但这并不要求双亲是异性伴侣还是同性伴侣。参见 Lewis v. Harris, 908 A. 2d 196, 230 (NJ 2006) (Poritz, C. J., joined by Long & Zazzali, JJ., 部分同意但部分异议):

> 近期的社会学研究告诉我们,"同性伴侣正在逐渐成为那些怀孕、生育、抚养孩子的家庭的核心。"[Gregory N. Herek, Legal Recognition of Same-Sex Couples in the United States: A Social Science Perspective, 61 Am. Psychol. 607, 611 (2006)]. 并不令人意外的是,联系这些数据,州并没有通过提出"促进生育"计划来将婚姻限定在异性婚姻。进一步地,"经验研究在对由少数性倾向(sexual minority)父母抚养的孩子,与那些异性恋父母抚养的孩子进行比较后发现,没有可靠的证据表明,二者在心理和社会适应能力方面存在差异,"id., at 613, 这意味着"最佳环境"(optimal environment)的理由同样是非常脆弱的。

围，很可能会使婚生儿童和由父母共同抚养的儿童的数量增加，也很难让人相信，利益(1)与利益(2)，就能构成纽约州(或其他任何州)只将异性结合纳入法律保护范围所服务的公共利益。我们都知道，将异性结合纳入法律保护的范围，有一套相关的理由(即公共利益)，但与最小化非婚生儿童的数量以及最大化由父母共同抚养的儿童数量完全无关：为了(通过法律)保护和培养下述每个人对他人许下的庄严承诺，即由相互关爱与支持的一夫一妻关系，将他们的生命长久地结合在一起；为了保护那些许下承诺并且遵循诺言而生活着的人们；也为了保护那些夫妻所生育或领养的孩子。这些理由并未解释，为什么拒绝将法律保障延伸至同性结合的领
115 域；事实上，如果仅仅是这些理由本身，导致的恰恰是相反的政策。这一点如此明显，以至于再详细的阐述都是多余的：难道那些相互之间许下承诺，由相互关爱与支持的一夫一妻关系，将他们的生命长久地结合在一起，并且遵循着他们的诺言而生活着的同性伴侣，不需要法律的保护吗？难道那些由同性伴侣所生育或领养的孩子，不需要法律的保护吗？[38] 因此，问题仍然是，一个州拒绝将法律保障延伸至同性结合的领域，旨在服务的利益到底是什么？

---

〔38〕 对于这些以及其他相关问题的解答——麦克莱恩(McClain)教授通过这些回答，支持将法律保障延伸至同性结合的领域——参见 Linda C. McClain, The Place of Fami-lies: Fostering Capacity, Equality, and Responsibility (2006); Linda C. McClain, "God's Created Order, Gender Complementarity, and the Federal Marriage Amendment," 20 Brigham Young University Journal of Public Law 313 (2006)。Cf. The Brussels Declaration, https://www.iheu.org/v4e/html/the_declaration.html.

现代家庭的组织形式多种多样：传统核心家庭或者扩展家庭、单亲家庭、未婚同居家庭(抚养或者不抚养儿童)、同性伴侣家庭，甚至——在一些艾滋病患者圈——无父无母的孤儿。不管家庭的形式如何，父母的首要责任就是保护和抚养他们的孩子。不能让孩子因其家庭环境而受到歧视。所有孩子都应当得到保护和支持。

对同性结合合法化，在政治上持反对意见的人，揭示了两项这样的利益，第一项即是关于保护异性婚姻的（不可否认的公共）利益。

> 在20世纪90年代，同性结合的反对者们开辟了一条新的批判道路。这也被白宫和国会山（Capitol Hill）中大多数反
> 同性恋人士所支持，即“我们爱同性恋者——但是，作为一个 116
> 社会整体，我们不能给予他们那些可能威胁到传统婚姻的东西，它们是美国价值与文化的基础。同性婚姻恰恰就是这样的东西——威胁到婚姻和核心家庭。因此，中立的人们会对给予这些同性恋者完全平等的地位产生怀疑……我们传统主义者爱每一个人——看看我们为同性恋者做的一切，我们已经不再将他们投进监狱了。但是一种积极的、爱的进路，要求我们考虑公共福祉，尤其是我们最易受伤害的孩子们的福祉。因此我们不能赞同整个‘同性恋议程’（‘homosexual agenda’），因为它牺牲了一项伟大习俗和公共福祉。”〔39〕

如天主教的教皇和主教们所认为的，从长远来看，将法律保障 117
延伸至同性结合的领域会对异性婚姻产生颠覆性后果，这种想法

〔39〕 William N. Eskridge Jr., Darren R. Spedale, & Hans Ytterberg, “Nordic Bliss? Scandinavian Registered Partnerships and the Same-Sex Marriage Debate” at 4, Berkeley Electronic Press, Issues in Legal Scholarship, Symposium: Single-Sex Marriage (2004), Article 4, www.bepress.com/ils/iss5/art4.

按照彼得·伯科威茨（Peter Berkowitz）的观点，关于反对同性结合，“保守派给出的最重要论证”就是：“联系过去四十年中婚姻这一概念的变化，保守派担心同性结合合法化将进一步削弱婚姻与家庭之间的联系，而这对一个健全的社会是至关重要的。” Peter Berkowitz, “Illiberal Liberalism,” First Things, April 2007, at 50, 54. 然而，伯科威茨并没有告诉我们，“同性结合合法化”是如何“进一步削弱作为健全社会至关重要的因素的婚姻与家庭的联系”的，这一点并不明确。也许他的论证受到了天主教的教皇和主教们的影响。参见脚注〔47〕以及相应的文本。

是否可信?[40] 由于这种主张既缺乏实证基础[41],对许多人而言,又是十分违反直觉的,[42]所以很多人认为这个主张是难以置信的。因此,纽约州和华盛顿州的法官们参考前述两段文字(指①最小化非婚生儿童的数量,以及②最大化由父母共同抚养的儿童的
118 数量——译者注)之前,就决定将同性结合的争议推还给州立法者们,[43]而没有基于该主张所推定的理由来支持他们的判决,也就并不让人意外了。[44]

---

〔40〕 参见 Stephen J. Pope, "The Magisterium's Arguments against 'Same-Sex Marriage': An Ethical Analysis and Critique," 65 Theological Studies 530, 559 (2004)[citing Judith S. Wallerstein & Sandra Blakeless, The Good Marriage: How and Why Love Lasts (1995)]:

> 教会权威(如教皇和主教们)害怕,纯粹的非生育性的以及契约化的婚姻概念,可能会导致家庭的瓦解和孩子抚养问题的混乱。他们相信,即使那些想要一夫一妻制的保守的同性恋者,通过法律确认得到了社会支持,会有意无意地采取特洛伊木马战术,先进入制度之中,然后最终瓦解它。契约主义并不会解决这一问题,反而会任其发展,并使父亲更容易经常遗弃他们的孩子。

Cf. GeoffreyNunberg, "We the People? (In Order to Form a More Perfect Gay Union)," New York Times, February 22, 2004:"对于反对[将同性结合视为婚姻]的人来说,扩展婚姻的定义,就好像专为背包客开一家特别的酒店,而结果导致那些传统的客人们再也不想入住。"

〔41〕 参见 William N. Eskridge Jr. & Darren R. Spedale, Gay Marriage: For Better or Worse?: What We've Learned from the Evidence (2006)。

〔42〕 参见如 Jonathan Rauch, "Family's Value: Gay Marriage is Good for Kids," New Republic, May 30, 2005, at 15;Rosemary Radford Ruether, "Marriage Between Homosexuals Is Good for Marriage," National Catholic Reporter, November 18, 2005, at 20。

〔43〕 参见 Hernandez v. Robles, 855 N.E.2d 1, 22 (NY 2006);Andersen v. King County, 138 P.3d 963, 990 (WA 2006)。

〔44〕 英国哲学家罗杰·史克鲁顿(Roger Scruton)提出了一个反对将法律保障延伸至同性结合领域的不同理由,罗德里克·希尔斯(Roderick Hills)将他的论证概括为:

> 我们有理由相信,男人和女人拥有不同且互补的性"气质"(sexual "temperaments"),不同性别的人之间比同性别的人之间,在性关系方面(转下页)

(接上页〔44〕)

能得到更大的心理满足感。史克鲁顿认为,男人在性方面比女人更倾向于侵略性且混杂性;男人倾向于寻找刺激,女人寻求的是永久性关系。因此,如果男人与其他男人而非女人形成了性关系的话,那么这些性关系与异性之间的性关系相比,将只有较短的存续性,且更多的是一种肉体的自我满足。如果我们假设这些特点是不受欢迎的,那么我们至少就会认为,男同性恋者是不受欢迎的。

Roderick M. Hills Jr., "You Say You Want a Revolution? The Case Against the Transformation of Culture Through Nondiscrimination Laws," 95 Michigan L. Rev. 1588, 1610-11 (1997); 其引用了 Roger Scruton, Sexual Desire: A Moral Philosophy of the Erotic 305-11 (1986).

关于史克鲁顿具有争议性的归纳,是值得怀疑的。参见 Martha C. Nussbaum, "Platonic Love and Colorado Law: The Relevance of Ancient Greek Norms to Modern Sexual Controversies," 80 Virginia L. Rev. 1515, 1601 (1994).

史克鲁顿的论证总是很奇怪:为什么我们应当相信,所有同种性别的人互相之间要比不同性别的人之间在性格(品质)方面更为相像?当存在不同年龄、种族、国籍和信仰的同性伴侣时,史克鲁顿真的能够归纳出一个具有一致性的观点吗?即使他真的能这么做,柏拉图的对话录则提供了一个很好的反驳。按照亚里士多德的伦理道德思想,那些拥有共同目标与志向的人,往往比那些个性不同且没有共同志向的人,更能促进真正的社会利益。此外,对话录表明:"差异性"(otherness),在爱情关系中是有意义的——一个人的伴侣,是另一个独立的,某种程度上是隐藏的世界;身体,只是其中内在的灵魂之踪迹的显示;爱人们永远不能完全融合为一个人——在生理和性格方面,具有完全互不相同的"本质上的"差异性。实际上,如同柏拉图一样,史克鲁顿将具有神秘性和独立性的"差异性"辩护为一种色情利益。

即使为了讨论方便,我们相信史克鲁顿的归纳,他的论证仍然无法作为反对将同性结合纳入法律保护范围的理由。第一,该论证没有解释,为什么政府应当拒绝承认女性之间的结合。第二,即使承认异性结合比男性之间的结合"更加具有心理满足感",该论证也没有解释,为什么政府应当拒绝承认那些无法与异性结合的人中形成的男性之间的结合。第三,即使承认男性之间的性关系比男女之间的性关系更短暂,该论证也没有解释,为什么政府应当拒绝承认这样一种男性之间的结合:如果他们承诺是基于对爱的信仰而进行的终身结合,并且在积极地寻求公众对他们的关系的认可。的确,没有理由相信对这类关系的法律认可将会对之产生不利影响——也没有理由怀疑法律认可会对这类关系产生有利影响。参见 Andrew Sullivan, "Three's a Crowd," New Republic, June 17, 1996, at 10, 12.

婚姻既是善行的动因——并且是社会对此种努力所作的祝福。在过去,对于谁有权结婚而谁没有这样的问题,我们很明智地选择不作挑剔的评(转下页)

119 那么我们转入正题，各州拒绝将法律保障延伸至同性结合的
领域，旨在服务的还有另一项利益，而这项利益与保护异性婚姻毫
120 无关系——或者与最小化非婚生儿童的数量以及最大化由父母共
同抚养的儿童数量也没有关系。

- 政府不应当采取会鼓励（激励）不道德行为的政策——对于政府来说，避免采取这种政策是一种公共利益。
- 将法律保障延伸至同性结合的领域，会鼓励同性性行为。
- 同性性行为是不道德的。

因此，政府不应当将法律保障延伸至同性结合的领域。〔45〕

为讨论方便，我们假定，政府避免采取会鼓励不道德行为的政
策，确实是一种公共利益，并且将法律保障延伸至同性结合的领域
也确实会鼓励同性性行为。但是，如果没有任何一种可信的论证，
121 可以支持同性性行为是不道德的这一主张，那么我们就无法合理
地得出以下结论，为了实现避免鼓励不道德的行为的公共利益，应
拒绝将同性结合纳入法律保护。那么，是否存在这样一种可信的

（接上页）

价。我们把婚姻向任何人开放，并祝福他们……对于一些人来说，婚姻来得很容易。但对另外一些人，婚姻的责任和承诺是欠缺的。但是我们并没有把完美实现上述要求的能力作为结婚权利的前提。我们接受人类的善是不确定的这个事实，但作为公民，他们理应拥有同样的权利和义务——就是这样(period)。

另参见 David Brooks, "The Power of Marriage," New York Times, November 22, 2003.

安德鲁·科佩尔曼(Andrew Koppelman)认为："即使在当前这个不允许他们结婚的政体之下，同性伴侣并不显得比异性伴侣更加不稳定。数据显示，在实现和保持稳定的能力方面，同性伴侣与异性伴侣之间没有那么大的差别。"Koppelman, "Three Arguments for Gay Rights," 95 Michigan L. Rev. 1636, 1666. 参见 id., at 1664-66.

〔45〕 参见 Andersen v. King County, 138 P. 3d 963, 980 (WA 2006) (majority opinion); id., at 1032 et seq. (dissenting op'n).

论证，来支持同性性行为是不道德的呢？

这就不得不再次提到反对将法律保障延伸至同性结合领域的最为重要的批评家，天主教的教皇和主教们，他们“强烈反对州和联邦任何在立法或司法上给予同性结合以与婚姻同等地位和权利的尝试——包括称他们的结合为婚姻（marriage）、民事结合（civil unions），或者采取其他的方式。”[46]有时候，当教皇或主教们在公共场合（这样演说），对政治争议进行权衡时，他们则依赖非宗教性（non-religious）的论据：这种论据所预设的权威，既不来自基督教教义（更不来自天主教教义），事实上也不来自任何宗教信仰。教会反对同性结合合法化，主要基于的世俗观点是，对于任何人来说，以下行为是不道德的，即无论何种性别之间的，自发且有意地从事，本质上（“固有”）并非以生育为目的的性（生殖）行为——比如手淫甚或是婚后男性使用避孕套与女性性交的行为；抑或口交。按照美国天 122
主教主教联席会议理事会（Administrative Committee of the U. S. Conference of Catholic Bishops）的观点，“所谓的‘同性结合’，……由于它们在本质上是非生育性的，因此不能给予其婚姻的地位。”[47]

教会的这项世俗性论据是否可信呢？[48] 幸运的是我们没有必要探讨这个复杂问题：因为对于大多数美国公民来说，教会关于本质上非生育性的性行为是不道德的论证——诸如丈夫使用避孕套进行婚内性交是不道德的——是不可信的；实际上，即使对美国大多数天主教徒来说也是不可信的。（如果这项论证对大多数美国天主教徒来说是可信的，那么大概会有更多的美国天主教徒按照他们

---

〔46〕 USCCB Administrative Committee, n. 30, at 259.

〔47〕 Id.（强调为作者所加。）

〔48〕 教会最近关于反对同性婚姻合法化的论证，参见 Robert P. George, "Law and Moral Purpose," First Things, January 2008, at 22, 25-28.

123 教会所宣扬的行事。但实际上这样做的人几乎没有。)[49]因此，教

---

[49] 即使对于一个认可教会所作的论证的人来说，也不会当然认为，同性结合的任何利益都无法纳入法律保护的范围。值得注意的是，考虑到分配正义，一些美国天主教的主教们最近表达了将同性结合的某些利益纳入法律保护范围的意愿。参见 Editorial, "Bishop Brings Reason to Issue of Gay Benefits," National Catholic Rptr., November 7, 2003, at 24.

> (马萨诸塞州伍斯特市罗马天主教的主教丹尼尔·P.)莱利(Daniel P. Reilly)告诉立法者，由波士顿教区、伍斯特教区、斯普林菲尔德教区和福尔河教区组成的马萨诸塞州天主教会议，明确反对承认同性"婚姻"或"民事结合"的法律。但是关于什么样的公共利益可归于那些非传统人际关系的讨论，教会保持开放的态度……"如果目标着眼于个人的利益并决定谁有资格成为配偶之外的角色，那么我们会加入讨论，"莱利说。……(莱利)将此作为教会讨论话题之一，声称这种利益只是"分配正义"问题……
>
> "有人主张，只给予已婚伴侣某些社会经济利益，是不公平的，"莱利对马萨诸塞州立法委员会说，"这不同于婚姻本身的意义，是另外一个问题。委员会之前的民事结合法案混淆了这两个问题，为了给予同性伴侣民事结合中的所有婚姻利益，偷换了配偶的概念。这就扩展了法律所认可的、能够成为配偶的对象，从而改变了婚姻制度。我们不要混淆这两个问题。"

最近，西班牙教廷大使(papal nuncio to Spain)马努尔·蒙特罗·德·卡斯特罗(Manuel Monteiro de Castro)大主教，"由于为同性婚姻是法律'权利'而辩护，震惊了世人。"参见"Nuncio Backs 'Right' to Gay Unions," The Tablet [London], May 15, 2004, at 30："大使的言论震惊了评论员，因为西班牙主教的官方态度是反对给予同性恋关系任何认可……'认可其他类型的人际关系的做法是正确的，'大使说道。他还说，在这种结合中的人们，应当享有与'任何其他公民'一样的社会保障权利。但是'让我们将婚姻这个词按照它原来的意思解释，'他补充道。"另参见"Sign of the Times," America, November 15, 2004, at 4, 5.

> 盐湖城大主教乔治·H.尼德奥尔(George H. Niederauer)并不支持犹他州提出的宪法修正案，他认为州法律已经禁止了同性结合。对于修正案的规定，他与三位司法部长的候选人都有这样的考虑，即"没有其他结合能得到与婚姻同等的或实质上相同的法律效果的认可。"

Cf. Jennifer 8. Lee, "Congressman Says Bush Is Open to States' Bolstering Gay Rights," New York Times, February 9, 2004;"一位南卡罗来纳州的国会议员在本周日说，布什总统认为州政府可以使用合同法，来确保那些同性恋者想要在婚姻或民事结合中寻求的某些权利。"Brian Lavery, "Ireland: Premier Backs Rights for Gay Couples," New York Times, November 16, 2004."伯蒂·埃亨总理(Prime Minister Bertie Ahern)说，他的政府可能考虑给予同性伴侣更多权利，将使他们受益于更低的税率和更有利的继承法。"

会为支持同性性行为(本质上)是不道德之观点的世俗论据,并没
有解释,或者说,它并未成为比如佐治亚州拒绝将同性结合纳入法 124
律保护范围的基础。〔50〕 125

实际上,这项拒绝的基础——支持同性性行为是不道德的观点的论据——并非是世俗性的,而是宗教性的:“按照向我们揭示神的旨意的《圣经》所述,同性结合违反了神的旨意。”对于许多美

---

〔50〕 对于任何反对教会关于本质上非生育性的性行为是非道德的观点的人,

> 两个相同性别的人之间的性/爱不能是一种通过身体自身来表达的爱,这种观点已经再也站不住脚了。如果性/爱主要是围绕两个个体的交流而非基于一种生育的互补性的生理观念,那么,相同性别的两个人之间的爱,就不亚于不同性别的两个人之间的爱。他们的身体间热烈的交流感受也不再是没有价值的。

RosemaryRuether, “The Personalization of Sexuality,” in Eugene Bianchi & Rosemary Ruether, eds., From Machismo to Mutuality: Essays on Sexism and Woman-Man Liberation 70, 83 (1976)(强调为译者所加)。Cf. Edward Collins Vacek, SJ, “The Meaning of Marriage: Of Two Minds,” Commonweal, October 24, 2003, at 17, 18-19:“在第二次梵蒂冈大公会议(Vatican II)之后,天主教开始将性行为与表达爱意而非生育紧密联系在一起时,同性性行为与异性性行为之间的区别就很难再分得清了。”然而,认为同性性行为本质上并不是不道德的,并没有影响任何事情。正如天主教徒、耶鲁大学基督教伦理学斯塔克教授(Stark Professor of Christian Ethics at Yale University)玛格丽特·法莱(Margaret Faley)所写道:

> (对于同性关系和活动需要什么样的规范这个问题,)我的回答是:正义的规范——那种支配所有人类关系尤其是那些性关系的规范。一般而言,这种规范,通过尊重自治和理性来尊重个人的规范;通过相互依存、平等、承诺以及多产(fruitfulness)的要求来尊重这种关联性。具体而言,一个人可能会这样说:同性别的两个人之间的性爱(正如不同性别的两个人一样),不应当以剥削、客体化或者支配性的方式进行;同性的(和异性的)强奸、暴力,或者违背受害者(或者那些因为年龄等原因未达民事能力者)意志的任何伤害性暴力,都是不公正的;自由、完整、隐私,是每一对同性恋(和异性恋一样)关系当中需要被保护的价值;总而言之,个人不应当受到伤害,且共同的利益应当得到促进。

Margaret A. Farley, “An Ethic for Same-Sex Relations,” in Robert Nugent, ed., A Challenge to Love: Gay and Lesbian Catholics in the Church 93, 105 (1983). 法莱(Farley)补充指出“基督教社团会想要且需要加入忠诚、宽恕,容忍与希望的规范,这些构成教会人际关系核心的本质。”Id. 另参见 Margaret Farley, Just Love: A Framework for Christian Sexual Ethics (2006).

国公民来说——包括很多自认为是基督徒，甚至是福音派基督徒
的人——那种基于《圣经》而认为同性结合违反了神的旨意的论
据，就是不可靠的。[51] 然而，也有许多美国人认同诸如此类的论
126 据。指望最高法院对宗教性争论，至少是这么多美国人都认同的
宗教性争论，作出判断，完全是不切实际的。[52] 幸运的是，最高法
院甚至不需要对此深入考虑，因为，在被正确解释的情况下，宪法
上的不立国教条款，禁止了以具有教派性质的宗教理由作为立法
基础。（我在本书的后记中对此项命题作了论证。）[53]而关于同性
性行为是否违反了神的旨意的观点，毫无疑问是教派性的。实际
上，在基督徒之间这种争论也是教派性的：在基督徒之间，关于同
性性行为是否违反神的旨意也是存在争论的；尽管很多基督徒接
受这个主张，但也有很多——并且越来越多——基督徒表示反
127 对。[54] 这个主张在犹太教徒中同样存在争论；一些犹太教会是祝

---

〔51〕 参见如 David G. Meyers & Letha Dawson Scanzoni, What God Has Joined Together? A Christian Case for Gay Marriage (2005)。我在别处已经解释过，作为基督徒，将基于圣经的论证，作为反对法律认可同性结合的基础，为什么应当比较谨慎。参见 Michael J. Perry, Under God? Religious Faith and Liberal Democracy 55-80 (2003)。Cf. Nicholas D. Kristof, "Lovers Under the Skin," New York Times, December 3, 2003："1958 年的一项民意调查显示：96%的白种人反对白种人与黑种人之间的种族通婚……1959 年一位法官宣称'万能的上帝……并未打算进行种族融合'从而判决弗吉尼亚州的通婚禁令合法。"

〔52〕 Cf. "Gay Marriage-Posner's Response to Comments," The Becker-Posner Blog, July 24, 2005, http://becker-posner-blog.com："我认为反对(同性婚姻)的基础主要是宗教性的，并且……这种反对主张不同于那种基于科学谬误的反对主张。信仰不是科学，然而，基于可论证的谬误得出的观点，与基于一种科学无法支持或者反对的思想体系而得出的观点，两者是不同的。"

〔53〕 正如我在后记中所解释的，"教派性宗教"("sectarian religious")理由的探讨并非多余：对于不立国教条款而言，有一些宗教理由不是教派性的。

〔54〕 参见 Brian K. Blount, "Reading and Understanding the New Testament on Homosexuality," Homosexuality and Christian Community; Victor Paul Furnish, (转下页)

福同性结合的。甚至在穆斯林之间也开始对这个主张产生争议。[55]因此在不立国教条款之下，同性性行为违反神的旨意这样一个原理，不是一种合法的立法基础。

那么，是否还存在一种论据——除了“违反神的旨意”的论证之外——可以支持同性性行为不道德的观点呢？正如我在本章中所解释的，我一个也找不到。因此我的结论是，各州拒绝将法律保障延伸至同性结合的领域，违反了第十四修正案。更准确地说，他们违反了第十四修正案中的公民资格平等原则，当联系第十四修正案关于州政府应适用不立国教条款的规则，来解读公民资格平等原则，并且也必须这样解读时，上述结论就是成立的。[56]实际 128
上，我还认为，即使是一个遵循塞耶谦抑主义的最高法院，也会判决，各州拒绝将法律保障延伸至同性结合的领域的行为违反了第十四修正案：正如我在本章所总结的那样，一个秉持塞耶主义的法官会得出以下结论：认为此种拒绝是为服务于公共利益的主张，不仅是错误的，而且是不合理的。

（接上页〔54〕）
“The Bible and Homosexuality: Reading the Texts in Context,” Homosexuality in the Church; Daniel A. Helminiak, “The Bible on Homosexuality: Ethically Neutral,” Same Sex; Patricia Beattie Jung & Ralph F. Smith, “The Bible and Heterosexism,” Patricia Beattie Jung & Ralph F. Smith, Heterosexism: An Ethical Challenge 61 (1993); Bruce J. Malina, “The New Testament and Homosexuality,” in Patricia Beattie Jung, with Joseph Andrew Coray, eds., Sexual Diversity and Catholicism: Toward the Development of Moral Theology 150 (2001); Choon-Leong Seow, “A Heterotextual Perspective,” Homo-sexuality and Christian Community; Jeffrey S. Siker, “Homosexual Christians, the Bible, and Gentile Inclusion: Confessions of a Repenting Heterosexist,” Homosexuality in the Church.

〔55〕 参见如 Arash Naraghi, “Islam and the Moral Status of Homosexuality”: http://www.uweb.ucsb.edu/~anaraghi/articles/Islamandminorities.pdf.

〔56〕 美国宪法第一修正案：“国会不得制定关于下列事项的法律：确立国教或禁止宗教活动自由……”我赞同肯特·格里纳沃尔特(Kent Greenawalt)的(转下页)

现在让我们穿越那条将宪法的领域同宪法政治的灰色领域(the murky realm of constitutional politics)分隔开来的界线。为了讨论方便,我们假设,现在(2008)美国联邦最高法院的多数大法官赞同,各州拒绝将法律保障延伸至同性结合领域的行为违反了
129 第十四修正案。在当下这个时代作这样的判决,会给最高法院带来有利的政治意义吗?很多希望各州将法律保障延伸至同性结合的领域的人担心,如果最高法院判决州必须这么做,结果可能适得其反。如果最高法院如此判决了,结果或许真的正好相反——甚至与预期相距甚远;果真如此,那么总的看来,对于最高法院来说

(接上页)

如下判断:"迄今为止对宗教条款原始含义最可信的解读——根据文义、法律颁布的过程以及国会的相关立法——是,在全国以及其他专属于联邦管辖的领域内行使被授予的权力时,国会可以保护但不得损害宗教活动的自由,国会既不能在各州确立国教,也不能干涉各州确立(自己的'州教'),并且,国会还不得在其他专属于联邦管辖的领域内确立国教。"Kent Greenawalt, "Common Sense about Original and Subsequent Understandings of the Religion Clauses," 8 J. Constitutional Law 479, 511 (2005)。另参见 id., at 491.

不立国教条款,很早就被认为,不仅适用于——作为宪法基石而适用于——国会,而且适用于整个联邦政府,且不仅适用于联邦政府,也适用于州政府。实际上,这个条款规定了政府不仅不能设立国教,也不能禁止宗教活动自由。参见 Michael W. McConnell, "Accommodation of Religion: An Update and Response to the Critics," 60 George Washington L. Rev. 685, 690 (1992):"政府既不得'确立'宗教,也不得'禁止'宗教。"麦克内尔(McConnell)在"确立"一词的脚注中解释道:"(第一修正案的)条文表明国会不能制定法律'推崇'某一宗教,这意味着国会既不能确立国家教会,在很多州存在各种'州教'的情况下,国会亦不能对其进行干涉。随着 1833 年最后一个州宣示政教分离之后(在州法层面,一些州在 1776 年颁布宪法时就已经宣示政教分离,这个过程直至 1833 年完成。参见 Carl H. Esbeck, 'Dissent and Disestablishment: The Church-State Settlement in the Early American Republic', p. 1449, http://www.churchstatelaw.com/treatises/EsbeckDissent.pdf——译者注),以及第十四修正案的出台,州不再被排除在第一修正案的适用之外,修正案所强调的'联邦主义'便丧失了实际意义,于是宗教条款可以被解读为禁止政府确立官方宗教。"Id., at 690 n. 19.

最好的方式，便是设法完全地避免对这个问题作出判决。[57]

---

〔57〕 Cf. Alexander M. Bickel, The Least Dangerous Branch: The Supreme Court at the Bar of Politics 111-98 (1962); Gerald Gunther, "The Subtle Vices of the 'Passive Virtues': A Comment on Principle and Expediency in Judicial Review," 64 Columbia L. Rev. 1 (1964).

然而，如果最高法院无法回避对这个问题的裁判，那么最高法院是否应该在判决过程中假设，它发现其他人认为不可信的理由是可信的，或者法院自己，在其他变化了的政治环境中，发现这些理由又变得不可信？对于纽约州上诉法院 2006 年 7 月 6 日作出的赫尔南德斯诉罗伯斯案（Hernandez v. Robles, 855 N. E. 2d 1）判决，彼得・贝纳特（Peter Beinart）在《新共和》（*The New Republic*）中写道：

> 上周，纽约州上诉法院作出了一个关于同性婚姻的差劲判决。感谢上帝他们真的这么做了。通过拒绝——基于薄弱的论证基础——推翻帝国州（Empire State，纽约州的别称——译者注）关于同性婚姻的禁令，法院实际上帮了同性婚姻运动一把。同性婚姻正通过民主程序在美国大地兴起。如果法院介入，他们只会帮倒忙……通过他们低劣的论证，纽约州上诉法院在上周，以其最好的方式帮助同性婚姻抗争——它让道儿了。

PeterBeinart, "Judge Knot," New Republic, July 24, 2006, at 6. 我并不反对贝纳特的评论，但作为一项政治要素，一个州最高法院是否应当将州宪法解释为，要求将同性结合纳入法律保护的范围内，这个问题比联邦最高法院是否应当解释美国宪 130
法——第十四修正案——要求各州将法律保障延伸至同性结合的领域，更为复杂。考察诸如理查德・波斯纳（Richard Posner）所写的：尽管波斯纳认为"关于承认同性婚姻的论据是十分有说服力的，"但他认为最高法院不应该要求各州将法律保障延伸至同性结合的领域：这样"一种激进的社会政策……会深深激怒绝大多数公民……（法院这么做）将会是司法不慎的一个前所未有的例证。" Posner, "Should There Be Homosexual Marriage," n. 2, at 1584-85. 波斯纳的主张是："让一个州的立法机关或一个激进主义的（但是是民选的，因而是承担民主责任的）州法院将同性婚姻作为该州的政策予以认可，然后让全国其他地方学习该州的经验成果。这才是民主的方式……"Id., at 1585-86. 在本书写作之际（2008 年），佛蒙特州、马萨诸塞州和新泽西州的最高法院已经将各自的州宪法解释为，要求他们的州政府将法律保障延伸至同性结合的领域——而且这些州也没有出现"强烈抵制"的迹象。Cf. Carlos A. Ball, "The Backlash Thesis and Same-Sex Marriage: Learning from Brown v. Board of Education and Its Aftermath," 14 Wm & Mary Bill of Rights J. 1493 (2006).

第五章　堕胎 131

1973年，在罗伊诉韦德案(Roe v. Wade)[1]、多伊诉博尔顿
案(Doe v. Bolton)[2]中，美国联邦最高法院作出了著名——在有
些人眼里则是臭名昭著的——的判决：部分州法禁止在胎儿独立
存活期前(pre-viability)[3]进行堕胎，最高法院认定这些州法违反
了宪法第十四修正案。这些至今未被推翻的判决[4]，究竟是否正
132 确？[5] 尤其值得探讨的是，这些州法是否违反了第十四修正案第

---

〔1〕 410 U. S. 113.

〔2〕 410 U. S. 179.

〔3〕 最高法院倾向于使用“previability”，参见 Gonzales v. Carhart, 127 S. Ct. 1610 (2007)。我则倾向于使用“pre-viability”。

〔4〕 在 Planned Parenthood of Southeastern Pennsylvania v. Casey, 505 U. S. 833 (1992)中，最高法院拒绝推翻罗伊案和多伊案。Cf. Gonzales v. Carhart, 127 S. Ct. 1610 (2007). 2003年的《禁止局部分娩堕胎法案》(*Partial-Birth Abortion Ban Act of* 2003)并不违宪。

〔5〕 Cf. Michael W. McConnell, “Active Liberty: A Progressive Alternative to Textualism and Originalism?,” 119 Harvard L. Rev. 2387, 2401 (2006). [该文评论了 Stephen Breyer, Active Liberty: Interpreting Our Democratic Constitution (2006)]:

> 不叫的狗又如何？(What about the dog that didn't bark?)罗伊诉韦德案、堕胎和实质正当程序，是如今的宪法解释理论无法绕过的话题。但是这些语句在布雷耶大法官(Justice Breyer)的书中并不多见。对于许多信息全面的人，甚至是许多堕胎权利的支持者来说，罗伊诉韦德案，是不受约束判决的“超级典型”(über-example)，其重量级堪比一只800磅重的大猩猩。

1 款第二句话？* 虽然这些禁令没有涉及（implicate）、更不用说是违反（violate）了正当程序条款或平等保护条款（如果从这些条款的原旨角度考虑的话），但是它们的确涉及了特权或豁免权条款——恰似那些给予某些公民劣等待遇的法律。[6]（当然，我无法找出一部给予所有公民同等待遇的规制性法律（regulatory law）。）[7]禁止在胎儿独立存活期前堕胎的法律——虽然对所有人而不是仅仅对某一部分人（如非洲裔美国人）适用——但仍然给了某些公民劣等待遇；对于在胎儿独立存活期前进行堕胎的公民（或是被堕胎的孕妇，或是实施堕胎手术的医生）[8]，该禁令对他们课以了惩罚，使他们获得了劣于其他公民的待遇。

但是涉及某些条款并不意味着即违反了这些条款。前一章曾经提到，根据第十四修正案，任何州都不得歧视该州的任何公 133
民——不给予该州的任何公民以劣等待遇——以其为二等公民（second-class citizens）为由。有时候，一些法律的确明显给予某些公民（如非白色人种群体、女性等）劣等的待遇，而这正是因为在法律制定者眼中，他们是二等公民。当此等情形显而易见时，所关涉的案件也毫无悬念了：因为任何州都不能将某些公民作为二等公民对待。然而在有些时候，情形并非如此明显；于此，法院需要

---

* 任何一州，都不得制定或实施限制合众国公民的特权或豁免权的任何法律；不经正当法律程序，不得剥夺任何人的生命、自由或财产；对于在其管辖下的任何人，亦不得拒绝给予平等法律保护。——译者注

〔6〕 参见第四章中脚注〔26〕以及相应的文本。

〔7〕 参见 Michael J. Perry, We the People: The Fourteenth Amendment and the Supreme Court 153-54 (1999).

〔8〕 Cf. M. Cathleen Kaveny, "Toward a Thomistic Perspective on Abortion and the Law in Contemporary America," 55 The Thomist 343, 393 (1991): "刑事制裁……应该主要针对医生而不是妇女，妇女很可能是被强迫实施最具有道德争议性的堕胎。"

把握的要求是：州不得给予任何公民劣于他人的待遇，除非是出于州“警察”权力（“police” power）的行使。所谓“警察”权力，指的是一州为了服务（serve）[保障、保护（protect，secure）]公共利益（public good）而行使的立法权力。规定了差别待遇（differential treatment）的州法，只有满足以下三个条件，才属于对警察权力的行使。

> 1. 该差别待遇，旨在服务的利益乃是一种公共利益。现代人权话语中的公共利益，包含“公共安全（public safety）、公共秩序（public order）、公共健康（public health）、公共道德（public morals），以及其他的基本权利与自由”。〔9〕
>
> 2. 该差别待遇，确实是服务于它旨在服务的公共利益。
>
> 134 3. 该差别待遇，以符合比例的方式（in a proportionate fashion）服务于公共利益：与差别待遇所服务的利益相比，被差别对待的公民所承受的代价，不至于巨大到、不合比例到，该差别待遇不具有合理的理由（reasonable justification），即不能举出合理的情形。〔10〕

从塞耶主义的角度来看，法院所要处理的问题，不在于径直判断这三个条件是否满足，而仅在于判断声称三个条件被满足的主张是否合理。一个秉持塞耶谦抑主义的法院，需要考察以下结论是否合理：①该差别待遇旨在服务的利益是公共利益；②该差别待遇确实服务于这一公共利益；并且③以合比例的方式为之。（请回想第二章中提出的，若一个理性、信息全面、深思熟虑的人能得

---

〔9〕 参见第四章脚注〔7〕。

〔10〕 参见 Perry，We the People，n. 7，at 57-77。《权利法案》“并入”后如何呢？简言之，和联邦法律一样，如果州法侵犯了《权利法案》，就不是在合理地实施警察权（not a reasonable exercise of the police power）。参见 Id.，at 77-80.

出这样一个结论，这一结论就是合理的。）如果没法得出该差别待遇旨在服务的利益乃真实的公共利益，或者该差别待遇是合比例的这样的主张，那么，剩下的结论才会是：该差别待遇，是基于被区别对待者是二等公民的观念作出的。

在胎儿独立存活期前堕胎的禁令是否违反了公民资格平等 135
原则（mandate of equal citizenship）的要求呢？我在其他著作中[11]曾提出：

> 1. 如果该项禁令是基于——如果是仅仅基于此而颁布——对性别有区别性的同情或冷漠（sex-selective sympathy and indifference），那么上述问题的答案，是肯定的。因为在这种情况下，此类禁令将女性视作二等公民——尤其体现在，她们的利益（interests）不及男性的利益重要。
>
> 2. 有人似乎可以得出这样的结论：如果关于在胎儿独立存活期前堕胎的禁令并没有豁免（exempt）下列几种堕胎的情形，那么该禁令就是基于对性别有区别性的同情或冷漠而颁布的：
>
> a. 为保护母亲的生命，或是为其身体健康免遭严重的、不可治愈的伤害的威胁所必需的堕胎；
>
> b. 终止强奸或乱伦所导致妊娠的堕胎；
>
> c. 胎儿的严重缺陷将导致孩子“注定拥有一段极为短暂但又充满痛苦煎熬的生命……”，为此而终止妊娠的堕胎。[12]

然而，在1973年的堕胎案件（罗伊案和多伊案）中，最高法院

[11] 参见 Perry, We the People, n. 7, at 160-66.

[12] John Schwartz, “When Torment is Baby's Destiny, Euthanasia Is Defended,” New York Times, March 10, 2005. Cf. Associated Press, “Study: Newborn Euthanasia Often Unreported,” New York Times, March 10, 2005.

判决,任何禁止在胎儿独立存活期前堕胎的禁令——甚至是对上
136 述堕胎情形进行豁免的禁令——都违反了第十四修正案。[13] 从塞耶主义的视角来看,最高法院是正确的吗?那么,究竟是哪个环节不合理了,是该差别待遇旨在服务的利益乃真实的公共利益有问题,还是该差别待遇是否合比例有问题?

137

I. 禁止在胎儿独立存活期前堕胎的禁令旨在服务的利益是真实的公共利益的主张,是否不合理?

我们可以举出一些法律,其所服务的利益到底是不是真实的

---

〔13〕 更具体地来说,法院之所以做出这样的判决,是因为此类禁令并不是实现重要的政府目标所必须的,它们侵犯了隐私权这一由法院从第十四修正案正当程序条款中解读出来的权利。参见罗伊诉韦德案,401 U.S. 113 (1973)。

在罗伊案的"姐妹篇"(companion case)多伊诉博尔顿案(Doe v. Bolton)[410 U.S. 179 (1973)]中,最高法院宣布当时佐治亚州的一部法律无效。这部法律虽然比较严格(restrictive),但是与先前在罗伊案中被宣布无效的更为久远的得克萨斯州的法律相比,则更温和些。法院在罗伊案中指出:

> 本案系争的得克萨斯州法律,是那些在其他州已经有效施行差不多一个世纪的法律中的典型代表。相反,佐治亚州的法律,体现出现代面貌,这部立法产品……很明显地反映了近年来人们态度的转变、医学知识和技术的发展,以及他们对于老问题进行的新思考而产生的影响。

410 U.S. at 116.

得克萨斯州的法律仅仅豁免了一种类型的堕胎,即"为了拯救母亲的生命而实施的堕胎"。Id. at 118. 相反,佐治亚州的法律在 1968 年颁布,"脱胎于美国法律协会的《模范刑法典》"(Doe v. Bolton, 410 U.S. at 182),豁免了三种类型的堕胎,分别是:"(1)继续妊娠,将会危及怀孕妇女的生命,或会严重地、永久地损害她的健康;或者(2)胎儿一旦出生,将极有可能伴随着严重的、永久的、无法治愈的生理或者智力缺陷;或者(3)怀孕是由暴力强奸或法定强奸罪(forcible or statutory rape)导致的。"Id. at 183. 法院"(佐治亚州)在重新辩论时指出……该法律所指的'强奸'在立法本意上包含了乱伦(incest)"。Id. at 183 n. 5.

公共利益是值得怀疑的。(例如，一部禁止已婚夫妇使用避孕用具的法律。)[14]然而，禁止故意杀人(intentional homicide)的法律旨在服务的利益正是真正的公共利益，而一部禁止蓄意摧毁(intentional destruction)人类生命的法律与此并不相同。

但是，禁止在胎儿独立存活期前堕胎的禁令属于禁止故意杀人的法律吗？或者是禁止蓄意摧毁人类生命？正如同 H. 崔斯特瑞姆·恩格尔哈特(H. Tristram Engelhardt)观察到的，“虽然很多人或是探讨人类生命从何时开始，或是质疑胚胎是否为生命，从而模糊地描述了胚胎的法律地位……但是没有人明确否认受精卵(zygote)就是一个生命。受精卵是活着的。它是一个人的生命，而不是猴子、猪或是狗的生命。”[15]哲学家彼得·辛格(Peter Singer)是一位知名的、热心于支持妇女堕胎权利的人士(pro-choice)，他承认：“早期的胚胎是一条‘人命’。由人类的精子与卵 138
子结合而成的胚胎当然是人类的生命，不论他们处在多早的发育阶段，他们都是人的生命。他们属于智人(Homo sapiens)而不是其他的物种。我们可以清晰地分辨他们什么时候是活着的、什么时候是死亡的。只要他们存活着，他们就是人的生命。”[16]同样地，宪法学者劳伦斯·却伯(Laurence Tribe)也是一位坚定的妇女堕胎权利支持者，他写道：“胎儿是存活着的。他属于人类这一物种，能引发人们的同情甚至是爱，这在某种程度上是因为他如此的

---

〔14〕 参见 Griswold v. Connecticut, 381 U.S. 479 (1965).

〔15〕 H. Tristram Engelhardt Jr., “Moral Knowledge: Some Reflections on Moral Controversies, Incompatible Moral Epistemologies, and the Culture Wars,” 10 Christian Bioethics 79, 84 (2004).

〔16〕 Peter Singer, The President of Good and Evil: The Ethics of George W. Bush 37 (2004).

依赖于他人、如此的无助。”[17]所以，一部禁止在胎儿独立存活期前堕胎的法律就是一部禁止故意杀人的法律。

果真如此吗？有人可能会倾向于认为，禁止在胎儿独立存活期前堕胎的法律并不是一部从以下意义上所指的、禁止故意杀人的法律，即该部法律旨在禁止蓄意摧毁拥有完全道德主体地位(full moral status)的人类生命。即使我们在讨论过程中接受了对禁止故意杀人的法律的定性，也可以合理地得出如下结论——这也是我将要解释的——从发育过程的最早阶段起，每一个未出生的生命就具有完全道德主体地位。因此，任何人都有理由得出下
139 述结论：禁止在胎儿独立存活期前堕胎的法律属于上述意义所指的禁止故意杀人的法律；而且，此类法律是为公共利益服务的。

第二次世界大战末期兴起的国际人权法已经显示出，人权的道德性并不主张（虽然也不否定）：每一个人都有固有尊严(inherent dignity)，但这仅仅保证每一个已出生的人享有固有尊严。在人权时代的初始时期，《世界人权宣言》(*Universal Declaration of Human Rights*, 1948)第 1 条就已经确认“人人生而自由，在尊严和权利上一律平等”。40 余年之后——就在堕胎开始在包括美国在内的许多自由民主国家中，显现为政治法律日程上的事项之后——《国际儿童权利公约》(*International Convention on the Rights of the Child*)[18]于 1990 年生效了，该公

---

[17] Laurence H. Tribe, “Will the Abortion Fight Ever End: A Nation Held Hostage,” New York Times, July 2, 1990, at A13.

[18] 到 2004 年 6 月为止，共有 192 个国家加入了《儿童权利公约》(*Convention on the Rights of the Child*)。美国签署了但是尚未批准这一公约，并不在上述 192 个国家内。

约的起草者就特意拒绝使用要求缔约国禁止堕胎的措辞。[19] 所以，即使诸如《公民权利和政治权利国际公约》(*International Covenant on Civil and Political Rights*)、《欧洲保障人权和基本 140
自由公约》(*European Convention for the Protection of Human Rights and Fundamental Freedoms*)等人权文件，都对死刑问题，响亮而明确地加以阐释，[20]在堕胎问题上，却始终保持沉默。[21]

然而，人权的道德性不主张，所有的人(无论是已出生的还是未出生的)都具有固有尊严，这并不代表，我们这些支持人权道德性的人不应该得出这样的结论。我们肯定人权具有道德性，是否也应该肯定所有未出生的人也享有固有尊严？还是说只有某些已经处在胚胎发育过程(fetal development)中的特定时期但仍未出生的人享有固有尊严？或者说未出生的人都不享有固有尊严？

---

〔19〕 参见 Cynthia Price Cohen, "United Nations Convention on the Rights of the Child: Introductory Note," 44 International Commission of Jurists Rev. 36, 39 (1990); Dominic McGoldrick, "The United Nations Convention on the Rights of the Child," 5 International J. L. & Family 132, 133-34 (1991).

〔20〕 参见 Michael J. Perry, Toward a Theory of Human Rights: Religion, Law, Courts 37-39 (2007).

〔21〕 参见欧洲人权法院(European Court of Human Rights)的 Vo v. France 案(No. 53924/00,2004 年 7 月 8 日)。《欧洲人权公约》(*Convention on Human Rights and Fundamental Freedoms*)第 2 条规定的"每个人的生命权都受到法律保护"(everyone's right to life shall be protected by law)并不适用于"未出生的孩子"(an "unborn child")。

然而需要注意的是，《美洲人权公约》(*American Convention on Human Rights*)第 1 条第 2 款规定："根据本公约的目标，'人'指的是每一个人"；之后，第 4 条第 1 款规定，"每一个人都有生命得到尊重的权利"，而且"该权利通常自怀孕之时起(the moment of conception)即受到法律保护"(强调为译者所加)。到 2005 年 4 月为止，1978 年生效的《美洲人权公约》已有 25 个缔约国，但美国并不是其中一员。

值得一提的是，国际人权法对生殖健康方面的事项，并没有保持沉默。参见 Rebecca J. Cook & Bernard M. Dickens, "Human Rights Dynamics of Abortion Law Reform," 25 Human Rights Quarterly 1 (2003).

141 所有已出生的人都享有固有尊严，但是未出生的人不享有，这种观点意味着什么呢？有些婴儿在母亲怀胎九月（a gestation period of nine months）之后出生，有些婴儿则出生得更早些。（有时为了保护婴儿或者母亲，部分婴儿会被提早从母亲的子宫内移出，因此他们会出生得早一些。）如果我们要说，在母亲怀胎七月后出生的婴儿，在其出生时就享有固有尊严，但是一个八个月大的胚胎，仅因为还未出生，就不能享有固有尊严，似乎就显得比较武断。虽然我们认为所有已出生的人享有固有尊严，但并不能完全在为什么（why）——凭什么（in virtue of what）——每一个人都享有固有尊严这一问题上达成共识；我们也并不是对每个人均享有固有尊严的原因毫无争议。[22] 但无论原因是什么，以下说法是中肯的：是否获得固有尊严并不取决于一个人在能够出生的时候，是否真的已经出生，也就是说，成为在母亲的子宫外存活的婴儿。因此，除非我们就是想得出一个武断的结论，否则我们不会认定：一个人是否享有固有尊严，取决于其所处的位置（where one is
142 located），是在母亲的子宫里呢？还是在子宫外？——我们认定所有已出生的人享有固有尊严的同时，也要承认，至少每一个胚胎发育阶段已经达到“体外可存活”程度的人，都享有固有尊严。1998年1月，根据《纽约时报》（*The New York Times*）的报道，“由于新生儿学（neonatology）方面的突破，大多数专家都已经将体外可存活的时点提前至23周至24周”。[23] 那么，对于我们这些认为所有已出生的人都享有固有尊严的人来说，重要的并不是，我们是否也应承认，达到“体外可存活”程度的未出生婴儿享有固有尊严；我

〔22〕 参见 Perry, Toward a Theory of Human Rights, n. 20, at 7-29.

〔23〕 Sheryl Gay Stolberg, “Shifting Certainties in the Abortion War,” New York Times, January 11, 1998, at 3.

们应该确认的是，否认这个想法，是没有充分的、不武断的理由的。更为重要的，我们是否应该主张，每一个未出生的婴儿，可能在比"体外可存活"期更早的时点起，就开始享有固有尊严——如果是，从哪个时点开始？

很多反对堕胎者声称，所有已出生的人的基本道德主体地位(basic moral status)始于受精(fertilization)，或至少始于着床(implantation)。[这里的着床，经常被误解为"怀孕"(conception)。][24]
根据人权的道德性，所有已出生的人所享有基本道德主体地位，就 143
是固有尊严。当我们认为所有已出生的人都享有固有尊严时，是否也应该承认所有已出生的人从受精那一刻起就具有了这一道德主体地位呢？

可以试想，你认为一个人之所以享有固有尊严，是因为他是一个受到上帝眷顾的孩子，或是因为他以上帝的形象为模板被创造出来，或是因为他被上帝"赋予灵魂"。(这些命题——一个人是被上帝所眷顾的，一个人以上帝的形象被创造，一个人被上帝赋予灵魂——都是在修辞上努力调和同一项重大事实，这项事实是任何特定的公式或词汇所无法捕捉、包含或调整的。)同样，假设你相信一个人从受精之时起就被上帝赋予了灵魂，那么你就会承认每一

---

〔24〕 参见 Mary B. Mahowald, "Conception vs. Fertilization," Commonweal, September 9, 2005, at 40：

> 虽然这两个术语("怀孕"与"受精")经常被替换使用，即使在宗教文本中也是如此。但是"怀孕"指的是在妇女体内妊娠的开始，此时胚胎已进入母亲的子宫，距离卵子受精已有若干天。相反地，"受精"指的是卵子和精子在体内或是体外结合形成胚胎的过程。(克隆胚胎则并不是由卵子和精子结合而成的。)不孕工作者(infertility practitioners)与一些公开反对堕胎的人(如犹他州参议员 Orrin Hatch)，都支持从体外受精的胚胎中提取干细胞，其依据就在于这一区别；他们认为，新生命始于怀孕或是妊娠开始。天主教的观点则清楚地反对终结任何受精卵或者胚胎生命(即使后者是克隆的)的行为，而不管怀孕是否发生。

个未出生的人从受精这一刻起便开始享有固有尊严。

144 但是,尽管很多人主张人获得固有尊严的原因乃是被上帝赋予灵魂,而赋予灵魂究竟发生在妊娠过程中的哪个时点,他们并没有确定的答案。虔诚的宗教信徒,拒绝相信人们可以凭借“理性”看透这项神秘事物。“即使圣·托马斯·阿奎纳(St. Thomas Aquinas)认为灵魂是被注入(infused into)人体中的,他也只能猜测这一注入行为是何时发生的(而且,他并不认为发生在‘受精
145 时’)。”[25]有些宗教信仰者可能会倾向于在这一点上援引“启示

---

〔25〕 Garry Wills, “The Bishops vs. the Bible,” New York Times, June 27, 2004. 罗马天主教徒在这一问题上的观点,可参见 Joseph F. Donceel, SJ, “Immediate Animation and Delayed Homonization,” 31 Theological Studies 76 (1970); Joseph F. Donceel, SJ, “A Liberal Catholic's View,” in Robert Hall, ed., Abortion in a Changing World 39 (1970); Thomas A. Shannon, “Human Embryonic Stem Cell Therapy,” 62 Theological Studies 811, 814-21 (2001); Jean Porter, “Is the Embryo a Person? Arguing with the Catholic Traditions,” Commonweal, February 8, 2002, at 8; John Haldane & Patrick Lee, “Aquinas on Ensoulment, Abortion and the Value of Life,” 78 Philosophy 255 (2003); Robert Pasnau, “Souls and the Beginning of Life (A Reply to Haldane & Lee),” 78 Philosophy 521 (2003); John Haldane & Patrick Lee, “Rational Souls and the Beginning of Life,” 78 Philosophy 532 (2003)。Cf. Anthony Kenny, “The Soul Issue,” Times Lit. Supp., March 7, 2003, at 12.

可以考虑彼得·斯坦因佛尔文章中的下列段落,他当时是天主教周刊 *Commonweal* 的编辑,这篇文章发表于 1981 年的 *Commonweal*。

> 生命权运动天真又过于自信地相信,从怀孕产生的独一无二的“基因包”就可以解决堕胎的问题。是的,这的确证明,这是一个人类的个体,而不是“母亲身体的一部分”。但是这并不能证明,如一个 28 天大的胚胎,大约就和一个分号差不多大,在当时当地的情况下(then and there),就是一种与新生儿或者成年人具有同样生存主张和保护主张的生物……虽然在逻辑上并非不可能,比如说,将大量的、未能在子宫内成功着床的受精卵视为是失去的“人类”,但很多人会觉得这个观点完全难以置信。相似地,非常早期的流产,通常不会引发一般流产产生的失落感和悲伤。我们能不能认为这些本能的反应在道德上是有益的?……简言之,拒绝承认阿尔伯特·爱因斯坦(Albert Einstein)或者安妮·弗兰克(Anne Frank)作为人类具有完全法律权利,同拒绝承认句号一般大的(a disc the size of a period)或者六分之一英寸长、尚无基本特征的胚胎具有同样的地位,不是同一回事情。(转下页)

录"("revelation"),但是"启示录"没有揭示(disclose)灵魂的注入究竟是何时发生的。[圣·奥古斯丁(Saint Augustine)并不确定灵魂是何时被注入的……就生命的起源这一课题,奥古斯丁说道:"当一件本身就很晦涩的事情超出了我们的能力之外,连《圣经》都无法为我们提供帮助的时候,如果人们还妄断自己可以说清楚这件事的话就不太明智了。"][26] 所以,即使你是一个有神论者,你也并不完全清楚上帝究竟在何时把灵魂赋予未出生的人(或是在何时成为上帝所爱的孩子、在何时以上帝的形象被创造)。当然 146
了,你也可能是一个无神论者。

即使你属于上述两者的一种——或是观点不确定的有神论者,或是无神论者——你也可能作出下述结论:要在受精与胎儿开始可在母体外存活之间的任何时点中,挑选出一个开始获得固有尊严的时间,是不存在充分(不武断)的理由的;同样,如果要以胎儿可在母体外存活而不是受精时为时点,理由也并不充分的。于是,你就会默认接受,每一个未出生的人均从受精一刻起开始享有固有尊严。

但是,在受精与胎儿可在母体外存活之间挑选出一个时点,或

(接上页〔25〕)

Peter Steinfels, "The Search for an Alternative," Commonweal, November 20, 1981, reprinted in Patrick Jordan & Paul Baumann, eds., Commonweal Confronts the Century: Liberal Convictions, Catholic Tradition 204, 209-11 (1999). Cf. Porter, Id. at 8.

我们这些(天主教徒)能够说些什么,来说服那些有良好意愿但不赞同我们神学理念的人相信,早期胚胎具有与我们和他们一样的道德主体地位呢?这并不会使我们倒退至诸如"死亡文化"等规模浩大的谴责。明显,那些谴责将会使对话停止。更糟的是,它们使下述逻辑不再可能:其他人不相信我们说的东西,是因为我们所说的东西没有说服力。

〔26〕 Gary Wills, Papal Sin 229 (2000).

者选择胎儿可在母体外存活时而不是受精时，作为未出生的人获得与新生人类生命相同的或实质上相同的道德主体地位的时点，是否也不具有充分理由呢？哲学家大卫·布宁（David Boonin）在他的著作《为堕胎辩护》（A Defense of Abortion）中提出——在我看来是极有说服力的——在受精后、出生前，有若干个被人们认定为未出生的人获得道德主体地位的时点，包括：着床（通常距离受精六日至八日）、实际胎动（距离受精五周至六周）、可感知的胎动
147 （大约距离受精十六周至十七周）、可在母体外可存活。但上述时
147 点都不是未出生的人获得道德主体地位[27]的确切时点。布宁通过一种有趣而复杂的论证指出，在受精之后、出生之前，未出生的人是在胚胎出现“有组织的大脑皮层活动”（organized cortical brain activity，OCBA）时获得了道德主体地位。[28]

布宁写道：“并没有证据表明（有组织的大脑皮层活动）在妊娠的第二十五周之前就会出现，但是有大量的证据表明此种活动确实在妊娠的第二十五周至第三十二周之间出现。”[29]这就说明，有组织大脑皮层活动的出现时间并不在受精与可体外存活之间，而是在可体外存活之后。需要强调的是，胎儿在第 23 周或第 24 周就可以开始在母亲体外存活。布宁的论证支持了下述观点：如果我们要审慎地得出结论，我们应该假定每一个胎儿在妊娠的第 25 周获得了道德主体地位。但是，我已经解释了为什么当我们认为每一个已出生的人都享有固有尊严时，也需要承认至少每一个到达妊娠第 23 周的胚胎——具有体外可存活性的胚胎——都享有固有尊严。因此，我们不应当选择“有组

---

[27] 参见 David Boonin，A Defense of Abortion 91-115 & 129-32 (2003).

[28] 参见 id. at 115-29.

[29] Id. at 115.

织的大脑皮层活动”，而舍弃体外可存活性，作为未出生的人开
始享有固有尊严的时点。试想两个都已经可以在母亲体外存 148
活，但是“有组织的大脑皮层活动”都还尚未出现的胚胎，他们具有相同的妊娠期；其中一个已经出生了，但是另一个还未出生。如果我们认为第一个胎儿已经享有了固有尊严，但是第二个胎儿没有，这是相当武断的。

无论如何，我们还有第二个独立的理由可以说明，布宁将“有组织的大脑皮层活动”的出现，作为未出生的人获得道德主体地位的时点，是存在问题的。在布宁的论证中，欲望（desires）起到了最基本的作用：根据布宁的观点，一个人之所以能与另一个人在道德上是平等的，至少部分是因为他们都拥有欲望；尊重另一个人，将其视为道德上平等的人，也就是要尊重那个人的欲望——“理想的”（“ideal”，区别于“现实的”）、“尚未实现的”（“dispositional”，区别于“正在发生的”）欲望。[30] 然而，布宁解释道，在“有组织的大脑皮层活动”出现前，胚胎是没有欲望的（与上述“欲望”的定义相关）。然而，根据另一个至少是与布宁的论证同样可信，但不同的观点，尊重另一个人，将其视为道德上平等的人，并不是要尊重那
个人的欲望，甚至不是他理想的（ideal）、尚未实现的欲望
（dispositional），而是他（真实的）福祉（well-being）——也就是有 149
时候所说的，他的福利（welfare）。[31]而在“有组织的大脑皮层活动”出现前，未出生的人就享有福祉；即使一些情形下，这些福祉在

〔30〕 鉴于布宁的仔细论证，建议读者们读一下他的精彩大作。

〔31〕 参见 David DeGrazia, “Identity, Killing, and the Boundaries of Our Existence,” 31 Philosophy & Public Affairs 414, 428-30 (2003).

一个或多个方面作出了妥协。[32]

我曾说过,我们既然认为已出生的人都享有固有尊严,那么至少应该承认,每一个已经处在妊娠第 23 周,能在母体外存活的的
150 胚胎,也享有固有尊严。请注意这里的“至少”。如果每一个已出生的人、每一个能在母体外存活的人都享有固有尊严,如果我们不能在受精与胎儿开始可在体外存活之间挑选出一个时点,也找不出充分的理由,支持将胎儿可在体外存活时而不是受精时,作为未出生的人开始获得道德主体地位的时点,那么我们就应该默认接受,每一个未出生的人从受精时起就享有固有尊严。在我看来,布宁说得没错:在受精与出现“有组织的大脑皮层活动”之间选择一个时点,作为未出生的人获得道德主体地位的具体时点,并不存在充分的理由。[33] 更何况,我们不能在受精与胎儿可在母体外存活

---

〔32〕 参见 Jeff McMahan, “Paradoxes of Abortion and Prenatal Injury,” 116 Ethics 625, 627 (2006).

> 有些哲学家指出,胚胎并不享有继续存活的利益,因为它缺乏继续存活的欲望——甚至是产生欲望的能力。但是这个观点很难站得住脚。如果胚胎被杀死,它将只能拥有一段几乎没有什么价值的短暂生命。试想如果它没有被杀死,它将拥有一段价值巨大的、长时间的生命。它的生命越长,就会活得更好。正因为每一个潜在的生命都可能存在两条发展路径,所以如果能让这个人沿着更好的那条路经发展,那显然是更棒的。但是,如果承认选择让胚胎拥有两种生命路径中较好的那种,是更棒的选择的话,那么就很难否定胚胎是享有继续存活的利益的。

试想一个生命,比方说一个处在后 OCBA 期(post-OCBA)的胚胎是有欲望的,那么尊重他所向往的、尚未实现的欲望,与尊重他的福祉,在实践中就是同一件事情。因为他的基本的、尚未实现的欲望,就是为了最大程度尽可能地获得福祉。然而,对于一个处在前 OCBA 期(pre-OCBA)的胚胎,尊重他所向往的、尚未实现的欲望,同尊重他的福祉,并不能视为同一件事情:前者是不可能的,后者则不然。人们不能尊重一个处在前 OCBA 期的胚胎的欲望,因为它不具有欲望。但是人们可以尊重处在前 OCBA 期的胚胎的福祉——不要去损害或摧毁,而是去保护或提升这个胚胎的福祉。

〔33〕 但是,Cf. Mary Warnock, An Intelligent Person's Guide to Ethics 43-49 (1998),指出了以“受精后的十四天”为界限的理由。

之间挑选出一个时点，或者就选择胎儿可在体外存活时而不是受精时，作为未出生的人开始享有固有尊严的时点。所以，我们既然认为已出生的人都享有固有尊严，同样也有理由承认，并不只是每一个能在母亲体外存活的胚胎才享有固有尊严，那些在母亲体外能存活之前的胚胎也同样享有固有尊严。

结论有时候是违反直觉的，但是这一结论，显然不是这样的：为什么我们会认为一个未出生的人是否能在母体外存活——能够
在母亲的子宫外生存——与他是否享有固有尊严有关？为什么我 151
们会认为一个六个月大的胚胎，因为能够在母亲的子宫外生存，就享有固有尊严，但是一个五个月大的胚胎，因为未能在母亲的子宫外生存，就不享有固有尊严呢？为什么我们会认为某个胚胎仅因为其还不能在一直孕育他的子宫外存活，就缺乏固有尊严呢？[34]我并不能给出一个令人满意的答案。[35] 如果读者们觉得能给出
答案的话，请看一下这句话的脚注。[36] 需要强调的是，我们中一 152
些人之所以认定所有未出生的人（不论能否在母体外存活）都享有 153

〔34〕“我们可以区分依赖某个特定的人与依赖非特定的某个人这两种情形。母体外可存活标准主张，前一种情形（而不是后一种情形）是具有道德相关性的……”Boonin，n. 27，at 130. “若母体外可存活标准的支持者能主张：如果通过技术手段让胚胎在子宫外能存活的情形，原则上（in principle）是存在的，就认定胚胎可存活，即使这个特定胚胎还做不到，那么该标准就比较好理解了。”Id. at 131-32.

〔35〕参见 John Langan，“Observations on Abortion and Politics，” America，October 25，2004。“我们日渐增长的有关胚胎学和人类基因的知识……使我们清楚了解了人类生命从怀孕起的连续性和同一性……”

〔36〕思考下 Chris Eberle 在本章的草稿中所写的评论。

> 母体外可存活性标准，使得人类是否享有固有尊严，取决于暂时性的且空间性的因素，这些因素的每一部分都是武断的，就如同已经被淘汰的出生标准这种空间性因素一样武断。这是为什么呢？
>
> 现在并没有什么理由让我们相信，我们无法发展出相应的技术，能够使未出生的人类从怀孕到出生之间的任意时间点上都能在母亲的子宫外存活，并且能够存活足够长的时间。当然，我们现在或许还不能做到这样，但是这（转下页）

固有尊严，仅仅是因为，只要我们已经确定所有已经出生的人都享有固有尊严，我们就找不出充分的、不武断的理由来否认这种判断。（“我所了解的最强有力的、关于人格最早何时产生的论点，由以下事实得出：在生命的初期发展过程中，并不存在标志着重大

(接上页〔36〕)

和道德相关性有关系吗？实际上，认为这两者有关，就是认为，一个人是否享有固有尊严，取决于他是否碰巧足够幸运能够出生。如果我们现在并不拥有必要的技术，但是我们能在十年之内开发出此项技术，那么等到该技术出现后，未出生的人类从怀孕后就可以在母体外存活、享有固有尊严，然而那些现在就已经在母亲体内孕育的人就不那么幸运了。直到他们24周大之后，他们才开始享有固有尊严。我们也并不清楚，这类并不稳定的、武断的判断方式，是否比已经淘汰的出生标准少让人厌恶一些。

此外，母体外可存活性标准可能和出生标准一样地武断。可以试想以下例子：一个是在美国国土上受孕的生命，因为美国有相应的技术，那么他可能能够在母亲的子宫外存活；但是如果他恰巧生在达尔富尔(Darfur，苏丹西部地区名——译者注)，而当地并不存在能够使其母亲体外存活的技术。那么这个孩子到底是否可以在母体外存活？答案并不是明确的：是否能够维持胚胎在母体外存活的技术，必须实际存在才可以？还是只要在原则上存在就行？

假设你选择前一种进路——显然那极为武断。似乎，一个人是否享有固有尊严取决于他出生在哪里这一随机因素。

假设你选择后一种进路——生命维持技术原则上存在即可。或许，某个地方的某个人拥有能够使未出生的人在母亲体外存活的必要技术，但下述场景实在是过于疯狂：假设某个其他星球上的外星人拥有正确的技术但不能将技术传递给我们，就像美国人不能把技术有效传递给达尔富尔人民一样。换言之，如果在阿尔法人马座(Alpha Centauri)上的外星人拥有能使得胚胎从怀孕起就能于母体外存活的技术，那么是不是意味着所有未出生的人从怀孕时起就能在母亲体外存活呢？

或许并不如此——该技术必须存在于地球上——或者至少存于我们的太阳系中。然而，这并不能说明什么问题：如果外星人的飞船带着必备技术碰巧经过我们的太阳系(或者大气层)，那么是不是所有未出生的人都获得了固有尊严？即使我们并不知道他们经过？由此是否可以推出，未出生的人们在外星人离开太阳系的时候就失去了他们的固有尊严？

人们会纠结于这个愚蠢的故事好久好久……

你可以得到如下结论：人是否享有固有尊严取决于是否能够在母体外存活，等于说是取决于生命维持技术的存在和分布情况，这种想法实在是武断得令人反感。

质变的阶段：不是着床，不是胎动，不是具有体外可存活性，也不是出生。”)[37]现在，终于必须考察，正如我在其他地方主张的，我们为什么(why)以及在什么基础上(on what basis)，认定所有已出生的人都享有固有尊严。[38] 但其实，我们之中的许多人就是这么认为的；不管是出于什么理由，或者是干脆不说出任何明确的理由，我们就是认为人权具有道德性。于此，现在摆在我们面前的问题是：既然我们已经认定所有已出生的人都享有固有尊严，那么是否存在充分理由反对下述论断：任何人，不论出生与否，都享有固有尊严？

哲学家迈克尔·雷恩(Michael Wreen)曾评论他称为“堕胎论证”(Abortion Argument)所写的内容，在术语上稍加修正后，就可以为我此处所做的论证所用：堕胎论证仅仅是其结论的间接论
证，论者仅仅指出这样的主张，每一个已出生的人——例如，一个 154
两岁大的孩子——享有固有尊严。拥有“固有尊严”这一道德主体地位的基本原因，在这类论证中，并没有被提及，更没有被探讨。这就说明，这只是一项次要的、间接的论据，我们可以绕过这项论据，探讨有关人性、道德主体地位的形而上的、道德方面的更重要的问题。[39] 雷恩推测，“就有关胎儿地位以及堕胎的道德性的话

---

〔37〕 Richard A. McCormick, SJ, Corrective Vision: Explorations in Moral Theology 183 (1994).

〔38〕 参见 Michael J. Perry, “Morality and Normativity,” 13 Legal Theory 211 (2008); Perry, Toward a Theory of Human Rights, n. #, at 7-29 (2007).

〔39〕 参见 Michael J. Wreen, “The Standing Is Slippery,” 79 Philosophy 553, 571-72 (2004).

> 堕胎论证为其结论提供了一种间接论证，论者仅仅指出这样的主张，一个特定的人，一个两岁大的孩子，是一个人/个体/等等。拥有生命权的基本理由，在这类论证中，并没有被提及，更没有被探讨。这就说明，这只是一项次要的、间接的论据，我们可以绕过这项论据，探讨有关人性、人格、道德主体地位和生命权的形而上的、道德方面的更重要的问题。就有关胎儿地位以及堕胎的道德性的话题来说，这样的论证，才会是最好的。

题来说，这样的论证，才会是最好的……”[40]

请让我强调一下，我并不否认，支持人权具有道德性的人，可以合理地得出下述结论：在胚胎发展的最早阶段，每一个未出生
155 的人并未获得完全的道德主体地位（即固有尊严），相反，完全道德主体地位是在某个较迟的阶段获得的。尽管如此，先前的探讨表明，支持人权具有道德性的人，能合理地推导出：“每一个未出生的人正是从胚胎发展的最早阶段就获得完全道德主体地位”的结论；也能合理地推导出：禁止胎儿具有母体外可存活性前的堕胎的法律，从相关性上看，和禁止故意杀人的法律一样，是服务于真正的公共利益的。

人们可以合理地推导出：禁止胎儿具有母体外可存活性前的堕胎的法律所服务的利益——从人类生命的最早阶段便开始对其进行保护——不仅是真实的公共利益，而且这些禁令的确也是为该利益服务的。[41]（这些禁令在一定程度上是服务于该利益的，
156 虽然，由于在其他的司法管辖权下存在非法堕胎和合法堕胎，这些

---

〔40〕 Id. at 572. 雷恩还提道：“……但即使是这样，我们也可以希望有更多，并试着找到更多（论据）。至少就我个人来说，如果能有其他独立的、更为基本的论据能够推导出同样结论的，那么我会感到更有自信。”Id..

〔41〕 苏姗·阿普尔顿（Susan Appleton）提出，禁止在胎儿能于母体外存活前进行堕胎，并不能实现在生命发育最早阶段保护人类生命的目标。据阿普尔顿教授说，这样的“禁令主要是为了控制女性并规制其性行为……仅仅是对性行为的规制，对于保护胎儿来说，仍然是不可确定的”。Susan Frelich Appleton, “Gender, Abortion, and Travel after Roe's End,” 51 St. Louis. U. L. J. 655, 660, 666 (2007). 然而，无论是在有关道德的公共政治讨论还是学术讨论中，支持禁止在胎儿独立存活期前堕胎的主要论证，长期以来都主张，这些禁令旨在保护未出生的人。参见如 U. S. Conference of Catholic Bishops: Pro-Life Activities, http://www.usccb.org/profile/issues/abortion/index.shtml; Boonin, n. 27。现在，我们也并不是要否认，某些支持禁令者想要“控制女性并规制其性行为”。类似的，有些人认为堕胎会伤害女性，从而认为此类禁令是保护女性的一种途径。（转下页）

禁令在某种程度上并没有实现禁令支持者们期待它实现的利益。）重要的是，人们是否有理由认为这些禁令保护公共利益的方式是符合比例的：与禁令获得的公共利益相比，所付出的成本是否如此之大，以至于禁令不具有合理的理由——不能举出合理的情形？或者从反面来说，人们能不能合理地推导出：这些禁令为公众带来的利益足以抵消其产生的代价？这是一个著名的饱受争议——且分歧巨大——的问题。

Ⅱ. 禁止在胎儿独立存活期前堕胎的禁令，是以符合比例的方式服务于公共利益的主张，是否不合理？ 157

禁止在胎儿具有母体外可存活性之前的堕胎将会产生什么代价？（请记住：在这里合宪性存疑的反堕胎法律，豁免了本章先前提及的几种堕胎情形。）对此，最高法院在罗伊诉韦德案中作出了

（接上页〔41〕）

堕胎会伤害女性这一说法已经悄悄地传播了好几十年了。南达科他州(South Dakota)声称，堕胎强迫女性受到情感和生理的摧残，禁止堕胎是为了保护女性、未出生的人以及该州所谓“母亲与其孩子相关的一系列基本的、自然的、内在的权利”。

Reva B. Siegel, “The New Politics of Abortion: An Equality Analysis of Women-Protecting Abortion Restrictions,” 207 U. Illinois L. Rev. 991, 992 (2006). 同时参见 Robin Toner, “Abortion Foes See Validation for New Tactic,” New York Times, May 22, 2007。然而，在美国与其他自由民主国家，禁止在胎儿独立存活期前堕胎的提案的特殊目标(the but-for aim)既不是“控制女性并规制其性行为”，也不是为了保护女性免遭堕胎造成的伤害，而是为了保护未出生者的生命。正如我们这些密切关注者，或是卷入上一代堕胎争议中的人，可以证明的，正是出于①相信未出生者的生命也是无比珍贵的；并且②为了保护这类生命，在美国以及其他自由民主国家中，存在少量的、要求将在胎儿能于母体外存活前的堕胎行为入罪的呼声。

阐释，判决禁止在胎儿独立存活期前堕胎的法律违反了第十四修正案。

> 各州如果“一刀切”地否认怀孕妇女的堕胎选择，对她们所造成的损害，是显而易见的。甚至是在妊娠早期通过医学检查可以诊断出的具体的、直接的伤害，也被包含其中。生产过程，或是生出的后代，都将会使女性今后生活在重重困难的压迫之下。心理上的伤害也有可能迫近。女性的心理与生理健康，都可能因为照料孩子而受到损害。综合各种考虑，不幸也会伴随着不希望出生的孩子的出生而产生；对于一个无论在心理还是其他方面都无力照料孩子的家庭来说，会存在许多的问题。在其他情况下，正如本案一样，还可能包含后续的困难与因为作为未婚母亲而产生的持续的耻辱。

最高法院是否夸大了代价？理查德·波斯纳（Richard Posner）恰恰指出最高法院低估了相关代价。

> 158 没有人会夸大要求一名女性在违反她意愿的情况下将孩子生下来所带来的困难。法院的意见已经指出，“生产过程，或是所生出的后代，都将会使女性今后生活在重重困难的压迫之下”，并且也就这一点做出了更多的阐释。但是，法院并没有提到该女性是被强奸的，或者过于贫困，或者胎儿是有缺陷的情形。法院也没有提到女性因为非法堕胎而造成死亡的情形。[42]

不可否认的是，对于那些想要堕胎的怀孕女性来说，禁止在胎儿独立存活期前堕胎的法律确实给她们造成了沉重的负担。上述法律，和要求骑摩托车者戴安全帽或禁止警察留胡须的装束要求，

---

〔42〕 Richard A. Posner, Sex and Reason 337 (1992).

是非常不同的。禁止一名女性于胎儿能在母体外存活前进行堕胎，将会对她今后若干年的生活甚至是她的余生，都产生深远的影响。尽管约翰·伊利(John Ely)对于最高法院在罗伊案中的判决提出了尖锐的批评，但他仍然警示道："我们不要低估真正严峻之处所在：被迫养育一个原来并不想要的孩子，对于毁掉一名女性的生活来说是雪上加霜。"[43]

禁止在胎儿独立存活期前堕胎的代价，不可否认是巨大的，但
这并不意味着人们不能合理地得出下述结论：此类禁令所带来的公 159
共福祉足以抵消相应的代价。但是，代价巨大的确意味着，禁令取得的利益必须也是巨大的，否则，代价对于利益是如此不合比例，以至于人们不能合理地得出公共福祉足以抵消代价的结论。因此，在罗伊案中，法院正确地指出，因为这些禁令付出的代价是如此之大，所以获得的公共福祉必须也是巨大的——大到足以使人们合理地得出结论：利益与代价是符合比例的、是相称的。正如法院在罗伊案中所指出的，确立堕胎违法的立法"或许只能被'强有力的州利益'所正当化，并且只能限缩至紧要的合法州利益"。[44]

认为禁止在胎儿独立存活期前堕胎的禁令所取得的公共利益，与其所付出的代价是符合比例的，这项主张是否合理呢？此类禁令所获得的主要利益，是避免诸多生命被毁灭，但该利益并不能充分到足以抵消其所付出的代价。这一观点的主要原因是：从发育的最早阶段开始，未出生的人还不具有完全的道德主体地位(他
们不享有固有尊严)；直到受精后的某一时点，他们才获得了完全 160
的道德主体地位。[45] 然而，正如我刚做的阐述，人们同样有充分

---

〔43〕 John Hart Ely, "The Wages of Crying Wolf: A Comment on *Roe v. Wade*," 82 Yale L. J. 920, 923 (1973).

〔44〕 410 U.S. at 155.

〔45〕 参见如 Michael Gazzaniga, "Op-Ed: All Clones Are Not the Same," New York Times, February 17, 2006.

的理由断定，未出生的人从胚胎发育的最早阶段起的确具有完全的道德主体地位。

这并不是要否认，在包括美国在内的所有的自由民主社会中，事实上，对未出生的人在胚胎发育最早期是否具有道德主体地位都有深刻、广泛的争议。而且，几乎也没有理由怀疑这种争议将会持续下去。通过对“哲学（philosophy）、神经生物学（neurobiology）、心理学（psychology）与医学（medicine）”的参考，盖瑞·威尔斯（Garry Wills）注意到，“具有良好意愿、信息全面的人们，已经运用各种方法解释了各种能从自然知识中提炼出来的证据。如果自然法教义（natural law teaching）在这个问题上能给出清晰的答案，具有自然理
161 性的人，早已就此达成共识了。”[46]当然，对于未出生的人在胚胎发育最早的各阶段是否具有道德主体地位这一问题，还是存在合理分歧的空间。另外，对于禁止在胎儿独立存活期前堕胎之禁令所取得

〔46〕 Wills, “The Bishops vs. the Bible,” n. 25. 在威尔斯所指的共识一直未能达成的情况下，比较 Robert P. George & Patrick Lee, “Acorns and Embryos,” The New Atlantis, Fall 2004/ Winter 2004, www. thenewatlantis. com/archive/7/georgeleeprint. htm；以及 Michael S. Gazzaniga, “The Thoughtful Distinction Between Embryo and Human,” The Chronicle Review, April 8, 2005。同时参见 Anthony Kenny, “Life Stories: When an Individual Life Begins - and the Ethics of Ending It,” Times Lit. Supp., March 25, 2005, at 3. 耶稣会道德神学家（Jesuit moral theologian）理查德·麦考米克（Richard McCormick）预见到，因为有关胚胎的道德主体地位未能达成共识——尤其是胚胎在妊娠早期的道德主体地位——“公共政策方面将一直争议不断，相应地，立法者任务也会继续复杂下去”。Richard A, McCormick, SJ, “The Gospel of Life,” America, April 29, 1995, at 12, 13. 同时参见 John Langan, SJ, “Observations on Abortion and Politics,” America, October 25, 2004：“公众对于堕胎一直持有持续的、紧张的争议恰恰说明，我们距离就反对堕胎实践达成广泛共识还有多远，想要立法禁止堕胎有多难。”Cf. Clifford Longley, “The Church Hasn't Yet Made a Mature Appraisal of What Democracy Demands,” The Tablet [London], May 7, 2005, at 11：“刑事司法体系……只有当公众对于其运作的道德框架有着最低限度的赞成时，才能发挥作用……你需要说服大多数人的，并不仅仅是你的道德原则是正确的，而且还要强调，让持异议的少数人必须服从这一原则也是正义的。”

的利益和付出的代价是否符合比例，也有合理分歧的空间——这也是判决中的合理分歧，即此类禁令是否以符合比例的方式保护公共利益，并因此符合第十四修正案。

禁止在胎儿能于母体外存活前进行堕胎的禁令——当然是已经豁免本章前述的各种堕胎情形的禁令——所产生的代价是否大大超过它所取得的公共福祉，因而违反第十四修正案？对于这类诉求，最高法院该如何回应？法院应当提醒原告注意，法院所面临的问题并不是课以禁令的代价是否超过其获得的利益，而仅仅是 162
人们是否能够合理地得出代价小于利益的结论。如果法院根据自己的判断来阐明代价是否超出了利益，那么它成了一个超级立法者（super-legislature），重新（de novo）来审议立法已经（可能是间接地）解决了的问题。如果在法院看来，立法者认为代价不超过利益的判断是合理的，那么法院就没有充分的理由，用自己的立场来代替立法者的立场。〔47〕

立法者是否能够合理地得出如下结论：禁令产生的代价并未超过所获得的利益？答案是肯定的，如前所述，因为人们可以合理地推出——即使有人也能合理地否定——未出生的人从胚胎发育的最早期便具有完全的道德主体地位。〔48〕

---

〔47〕 Cf. Jon Stewart, America (the Book): A Guide to Democracy Inaction 90 (2004) (describing *Roe v. Wade*, 410 U. S. 113 (1973)：“法院判定，隐私权保护了女性堕胎的权利，而胚胎不是享有宪法权利的人，这就终结了这一曾经极富争议性话题的所有争论。”

〔48〕 在罗伊案中，法院拒绝了得克萨斯州的下述论点：“生命始于怀孕，在妊娠期间一直存在。因此，对于从怀孕起以及之后保护生命，州就有重大的利害关系。”法院认为：“我们并不需要解决生命何时开始这一难题……在人类知识发展的过程中的当下时点上，司法部门并不能对这个问题给出答案。”410 U. S. at 159. 然而，此处真正的问题并不是司法部门或是其他人给出什么答案，而仅仅是(转下页)

163 即使人们有理由认定，正如许多人就这样做——包括我一届
届学生中的许多人——法律对于胎儿具有母体外存活性之前堕胎
的禁止并不能以符合比例的方式服务于公共利益，但是这也不能
164 直接导出这些禁令违反第十四修正案的结论，因为人们同样也有
理由断定，正如许多人就这样做，这样的禁令的确以符合比例的方
式服务于公共利益。如前所述，所谓立法者或是其他公民能够合
理地确信这样一种预设，就是指一个理性、信息全面、深思熟虑的

（接上〔48〕）

得克萨斯州是否根据宪法可自由地给出了答案。其他人给出不同的答案或是根本不给出答案，都是无关紧要的。正如约翰·伊利(John Ely)指出："罗伊案真正的问题，并不是法院搞砸了它给自己提出的法律问题，而是它给自己出了一个宪法根本没有交给它的问题。"Ely, n. 43, at 943. 法院继续说道："我们并不同意，得克萨斯州借助某一种生命理论，就能够褫夺(override)已在危急关头的怀孕女性的权利。"410 U.S. at 162. 但正如理查德·爱泼斯坦(Richard Epstein)恰当地回应道："'通过借助一种生命理论的方式，得克萨斯州就能够褫夺危急关头怀孕女性的权利'，这样的结论，是说不通的。这种问题模式回避了重要的问题，因为它已经预设，即使在达成预想的平衡之前，我们就知道女性的权利是具有优先性的。我们同样可以认为，法院借助另一种生命理论，作出了褫夺未出生孩童的权利的判定。"Richard Epstein, "Substantive Due Process by Any Other Name: The Abortion Cases," 1973 Supreme Court Rev. 159, 182.

真正严峻的问题其实是：为什么得克萨斯州并不能自由地——在宪法框架下、在第十四修正案的前提下自由地——预设还不能在母体外存活的孩子，与能在母体外存活的未出生的孩子或者是已经出生的孩子，拥有一样的道德主体地位，并以此为基础继续推导出其他结论？法院并没有就这一问题作出解答，即使有，也仅在缺乏论证的情况下提及了一下。伊利进一步指出："法院承认保护胎儿是政府'重要的、具有合理性的'目标，并且它不否认限制堕胎会促进这一目标。相反，它所做的仅仅是宣布，该目标并没有重要到足以维持相关限制措施的程度。"Ely, supra n. 43, at 942. 参见 id. at 924-25。解释了为什么，如果法院想进行"事后的立法平衡(second-guess legislative balances)，……当宪法没有规定冲突价值中的哪一方能够获取特殊的保护时，……罗伊案似乎开始了向奇怪的方向发展"。如果正确的答案是，得克萨斯州与其他的州在宪法上可以根据宪法自由地规定，还不能在母体外存活的孩童与能在母体外存活的未出生孩童或者已出生的孩童拥有一样的道德主体地位，那么，怀孕妇女就不享有此种法院所在乎的在"紧要关头"抵抗州的权利，因为并不存在这样的权利：关于是否堕胎的决定免受州干预的宪法权利。

立法者/公民会认同这一论断。人们能合理地主张的结论是:禁止在胎儿独立存活期前堕胎的禁令,以符合比例的方式服务于公共利益。〔49〕

大卫·苏特大法官(Justice David Souter)于1997年所写的一些内容,与此有关,实际上是决定性的(determinative)(虽然苏特大法官所遵循的乃是法院已经建立的“实质正当程序审查”的进路而不是“特权或豁免审查”的进路)。 165

司法审查……将相争的两方中的一方已经存在的合理意

〔49〕 众所周知,罗伊案的批评者,在胎儿能于母体外存活前进行堕胎是否应该被禁止的话题上,都是持“反对堕胎”(“pro-life”)的立场的。然而,对于法院判决最有力的批评,却是由一个并不持上述观点的人作出的。他在评论中指出,“要是他是一个立法者”,他会“投票支持与法院判决相似的立法”。参见 Ely, n. 43。(所引用的文字在第926页。)1973年4月,就在法院判决罗伊案三个月后,伊利明确指出,法院的判决是“极为糟糕的,因为它成了一项糟糕的宪法性法律(bad constitutional law),更精确地说,是因为它根本不是宪法性法律,它试图成为宪法性法律的义务是不存在的”。Id. at 947.

伊利并不是唯一一个认为罗伊案判决不合理的自由派宪法学者。1976年,曾在肯尼迪与约翰逊总统时期担任美国总检察长的阿奇博尔德·考克斯(Archibald Cox),对于罗伊案抱怨道:

> 法院并没有充分清楚地阐明抽象的规则,以将本案的判决提高到超越政治决断的地位,从而证明判决的合理性……我也没办法清楚阐明这样一条原则,除非能够证明,州不能仅以自身关于道德或者哲学的判断,来干涉个人关于性、生殖、家庭的决定。很难想象这样一条我都不能接受与相信的原则,美国人民会选择接受。

Archibald Cox, The Role of the Supreme Court in American Government 113 (1976).

1979年,另一位自由派的宪法学者杰拉尔德·冈瑟(Gerald Gunther)写道:虽然“布朗诉教育委员会案(Brown v. Board of Education)是一个完全具有合理性的判决……但在我认为具有合理性的宪法解释模式的基础上,我还没有找到一个令人满意的原理,能够证立罗伊诉韦德案。”Gerald Gunther, “Some Reflections on the Judicial Role: Distinctions, Roots, and Prospects,” 1979 Washington U. L. Q. 817, 819.

见替换为另一方的意见，是没有根据的；但是，当相争两方间的平衡已被破坏到超过了合理的范围时，法院有权替代之。……对于实质正当程序审查所要遵循的知识路径来说，理解争议双方对于说明理由的基本需要，并在合理的范围内尊重立法，是基本的……如果仅仅是为不同于系争法律条款的竞争价值确认一个合理的解决方案，这样的司法干预没有正当性。只有当系争法律的正当性原则，被批评性地评价为，与个人利益如此不相称，显得武断或是难以适用，以至于该法律必须被推翻时，司法干预才是有正当性的。只有在实定法违反此种标准时，私主体原告才能拥有所谓的宪法权利。[50]

166 我在第三章中指出，人们能合理地认定死刑是违宪的；然而我同样也指出，遵循塞耶谦抑主义的最高法院不应该做出这样的认定。我在第四章中指出，人们能合理地认定，各州拒绝将法律保障延伸至同性结合的领域是违宪的——而且，甚至是遵循塞耶谦抑主义的最高法院也会作出此种判断。而我在本章中指出，人们有理由认定，各州禁止在胎儿能于母体外存活前进行堕胎（这些禁令豁免了本章先前列举的堕胎情形）并不违宪——因此，遵循塞耶谦抑主义的最高法院不应该做出推翻这类禁令的判决。

为了预防可能出现的误解，请允许我先强调两件事情：其一，我在本章中的论述并不蕴含下述见解，即各州禁止在胎儿能于母

---

〔50〕 Washington v. Glucksberg, 521 U.S. 702, 764-65, 768 (1997)(Souter, J.，协同意见)。请比较加拿大最高法院的如下论述：

> 议会在颁布此部法律之前已经经过了长时间的咨询论证，其中对本院勾勒出的合宪标准都有所考量……明确此类标准乃法院的职责，但还存在符合这些标准的合理制度范围。毋庸置疑，这个范围并不局限于法院依据普通法上的权限而采用的特定规则。

Regina v. Mills, 3 S.C.R. 668 at para. 59 (1999).

体外存活性前进行堕胎的禁令，构成良好的公共政策(good public policy)。(一部法律不违反宪法，并不代表这部法律就是良好的公共政策。)实际上，如果一位立法者不相信未出生的人在能于母体 167
外存活前就有完全的道德主体地位，因而应当免于被“杀害”，那么可以想见，此类禁令对于这位立法者来说显然是坏的公共政策。其二，正如我在其他地方已经指出的，即便一位立法者相信所有的人(无论出生与否)都享有固有尊严，他也可能合理地拒绝将在胎儿能于母体外存活前的堕胎行为入罪。[51]

---

〔51〕 参见 Perry, Toward a Theory of Human Rights, n. 20, at 59-64.

> 一旦争议被呈递至法官面前，法院就成为一个最终的裁判者(ultimate arbiter)，来决断什么是合理的和可允许的。这让法院拥有了重大且庄严的审判权。但如果审判权不断扩张，将会极大地危及其本身。法院永远都不要试图涉足立法者的领域……
>
> ——詹姆斯·布拉德利·塞耶(James Bradley Thayer)[1]

让我们回到第二章所提到的问题：

> 在行使保障宪法人权的重大权力中，最高法院是否应
> 170 当谦抑行事；换言之，在主张某部法律侵犯宪法人权的案
> 件中，法院是否应该如塞耶所劝告的，仅审查一个相反的命题，即是否有理由相信该法律没有侵害宪法权利，如果答案是肯定的，则支持这项法律？抑或法院应否径行审查该法律是否侵害到基本权利，如果答案是肯定的，则推翻这项法律？

[1] James B. Thayer, "The Origin and Scope of the American Doctrine of Constitutional Law," 7 Harvard L. Rev. 129, 152 (1893).

最近，理查德·波斯纳(Richard Posner)发现了相似的问题，“美国法官需要在，以立法者的立场来审查一项法令，和法令是否违宪之间作出区分；他们可能会认为：这是一项不好的法令(bad statute)，但仍然支持它的合宪性。”[2]塞耶要求美国的法官们作进一步的区分：此项法令是否违宪，支持该法令不违宪的主张是否合理。对于后者，塞耶坚信是一个法官尤其应当关注的。对于波斯纳，法官僭越立法权(usurp the legislators' authority)之处，在于他们不审查法令是否违宪，而考察法令的好坏；而对于塞耶，法官僭越立法权的表现，则是“涉足立法者的领域”——不审查支 171
持法令不违宪的主张是否合理，而是径行判断法令违宪与否。波斯纳法官的观点，不仅表明了法官是怎么做的，并且应当怎样做，这表现了一种传统观点(conventional wisdom)。而塞耶教授的观点，则超越了这一传统观点。

尽管如此，与杰里米·沃尔德伦(Jeremy Waldron)相比，塞耶的观点还是相对中立的。沃尔德伦并不反对，恰恰相反，他支持将所有重要的权利宪法化(constitutionalizing certain important rights)。[3]然而，沃尔德伦认为“自由民主社会”中的公民，不应当赋予法院过大的权力来保障(实施)这些宪法化的权利；更确切地说，他认为不应当赋予一般法院以美国最高法院的权力，即“终极

---

〔2〕 Richard A. Posner, “Enlightened Despot,” New Republic, April 23, 2007, at 53, 55. 波斯纳本人担任了25年的“美国法官”。Cf. “Commemorating Twenty-Five Years of Judge Richard A. Posner,” 74 U. Chicago L. Rev. 1641-1931 (2007).

〔3〕 参见 Jeremy Waldron, “The Core of the Case Against Judicial Review,”. 115 Yale L. J. 1346, 1366 (2006).

性”的司法权(power of judicial ultimacy)。[4] 根据沃尔德伦的观
172 点,一个“自由民主社会”的公民,在通常情况下,不应当赋予法院
保障宪法人权的权力,因为关于一部法律是否侵犯那些声称受到
侵犯的宪法人权这一问题,存在分歧是合理的;[5]而且,当主张系
争法律未侵犯这些宪法人权具有合理性时,就没有理由赋予法院
权力,来推翻此种合理论断。[6]

173 沃尔德伦立场的根本问题在于,在过去,包括近期以来,“系争
法律未侵犯那些声称受到侵犯的宪法人权”的某些主张是不合理
的,并且没有理由相信这些主张在今后将会是合理的。例如,认为
反对种族通婚的立法没有侵犯宪法第十四修正案确立的平等的公
174 民资格的主张,是不合理的;同样,认为对智障人士实施死刑不违

---

〔4〕 参见 id. at 1354:

> 世界各地有大量的司法活动可以囊括在司法审查这样一个概念之下。它们可以用不同的方式加以分类,但最重要的区别在于,我所称为的,强司法审查(strong judicial review)和弱司法审查(weak judicial review)。我反对的对象是强司法审查。

沃尔德伦认为,“强司法审查”(第二章第Ⅰ部分曾提到)是终极性司法权的代名词,而“弱司法审查”则是次终极性司法权的代名词。

〔5〕 例如,参见 Waldron, “The Core of the Case Against Judicial Review,” n. 3, at 1360, 1368-69, 1406.

〔6〕 沃尔德伦提道:“对于(强)司法审查的反对并不是无条件的,而是以现代的民主环境下的制度和政策因素为基础的。”Id. at 1353. 他认同强司法审查“在某些特别的国家是必要的,因为当这些国家对性别歧视、种族、宗教等问题的立法出现病态化现象时(legislative pathologies),强司法审查是必要的保障手段。”Id. at 1352. “即便如此”,沃尔德伦补充道:“有必要指出,这项辩护是否涉及问题的核心,或者它是否恰恰应被视为避免遵循在大多数情况下构成反对(强司法审查)之强制性规范论据的趋势的一个例外理由……真正需要的,是一些不为每个社会的文化、历史、政策所左右的普遍共识。”Id. 另参见 id. at 1406。

沃尔德伦在文章中提道:“有一些国家——美国可能就是其中之一——出现了特别的立法病灶。如果存在这样的情况,美国人就应当将关于司法审查的边缘论据(non-coreargument)限定到例外情形上来。”Id. at 1386. 但是,美国的情形有多(转下页)

反宪法第八修正案所禁止的残酷且异常刑罚的主张，也是不合理的。因此，我在第二章中提到的观点，相较于沃尔德伦的而言更具现实价值：公民应当赋予法院保障宪法权利的权力，如果他们赋予法院的是“终极性”的司法权，而不是“次终极性”的司法权力（power of judicial penultimacy），那么法院应当谦抑地行使这项权力，只有当在法院看来，认为系争法律没有违反声称受到侵犯的基本权利的主张是不合理时，才能够推翻此项立法。[7]

（接上页〔6〕）

“例外”？最具自由主义倾向的民主政策就不是沃尔德伦说的病态化？斯卡曼勋爵（Lord Scarman）从英国的视角出发，在 1984 年提道：“如果你希望在可预见的将来，保障那些没有政治权势的人的权益（不仅仅是个人，还包括那些秉持自身的社会文化、宗教信仰和生活方式的少数团体），这种保障不可能来自议会——他们永远都无法构成多数派。只有法院——并且只有当法院受到适当的引导时——才能够保障他们的权益。”Lord Scarman，“Britain and the Protection of Human Rights，” 15 Cambrian L. Rev. 5，0 (1984). 最近，麦克·达罗（Mac Darrow）和菲利普·奥尔斯通（Philip Alston）从一个更广泛的视角，提出了“从各国的宪法人权保障的实践来看，大量的证据表明，《权利法案》对弱势群体权益的保障有重要作用，在政策形成的过程不利于他们的情况下，该法案为弱势群体提供了一个可以进行听证和获得救济的公正场合。”Mac Darrow & Philip Alston，“Bills of Rights in Comparative Perspective，” in Philip Alston，ed.，Promoting Human Rights Through Bills of Rights：Comparative Perspectives 465，493 (1999). 此种观点非常普遍。例如，在南非宪法法院的一个案例中，11 位法官一致认定，按照 1993 年过渡时期宪法，死刑是违宪的。院长在判决书中写道：

> 之所以要建立新的法律秩序，并赋予法院对所有法律进行司法审查的权力，是为了保护少数群体以及那些无法通过民主程序充分主张自己权利的群体。有权要求获得此种保护的群体包括被放逐和边缘化的社会群体。只有那些最底层和最弱势群体的权益得到保障时，才能够确保所有人的权益得到保障。

参见 Henry J. Steiner & Philip Alston，International Human Rights in Context 48 (2d ed. 2000).

〔7〕 我在其他论著中阐述过，如果是在“次终极性”的司法体系的背景下，如加拿大，主张司法谦抑的塞耶主义的适用是有限的。参见 Michael J. Perry，Toward a Theory of Human Rights：Religion，Law，Courts 105-06 (2007).

在任何情况下，无论最高法院享有——并行使——“终极性”的司法权是好或坏，沃尔德伦所希望实现的是一种次优（second best）的状况，即法院谦抑地行使审查权；他期待法院在保障宪法人权的过程中秉持塞耶谦抑主义的立场——并因此避免“涉足立法者的领域”。[8]

175 之前三章的两个重要目的之一，通过塑造个案中正确理解和支持塞耶谦抑主义的司法分析来廓清其内涵。从第三章至第五章的分析来看，塞耶谦抑主义并不会弱化（emasculate）司法审查活动；秉持塞耶谦抑主义的司法审查活动在实践中也不会如想象得那般弱势。如上所述，即便最高法院严格遵循了塞耶谦抑主义，也不会支持那些诸如在布朗诉教育委员会案（Brown v. Board of Education，涉及法律上的种族隔离）[9]和洛文诉弗吉尼亚州案（Loving v. Virginia）（涉及反种族通婚的法律）[10]中被推翻的——作为种族隔离的体现或残留的——法律和政策；即便是塞耶式的法院也不会支持对智障人士实施死刑；塞耶式的法院也有充分理由要求各州将法律保障延伸至同性结合的领域。显然，塞耶谦抑主义并不会让法院成为“橡皮图章”（rubber stamp）。

第三章至第五章的论述还表明了塞耶谦抑主义并不是一种审查的方法（algorithm），而仅仅是一种司法态度或司法导向（judicial attitude or orientation）。在具体案件中，合理与否是一

---

〔8〕 同样，那些主张“人民宪政主义”（popular constitutionalism）的学者——如马克·图什内特（Mark Tushnet）和拉里·克莱默（Larry Kramer）——也是倾向于一种次优的情况，即法院秉持塞耶谦抑主义的立场。参见 Mark Tushnet, Taking the Constitution Away from the Courts (1999); Larry D. Kramer, The People Themselves: Popular Constitutionalism and Judicial Review (2004).

〔9〕 347 U.S. 483 (1954).

〔10〕 388 U.S. 1 (1967).

个度的问题(a matter of degree);需要重申的是,我们不能指望每一个秉持谦抑主义的法院能在区分合理与不合理时采取完全相同的基准——或者因此在个案中以同样的方式判断。塞耶谦抑主义 176
并不排斥——事实上也无法排斥——宪法案件裁决过程的主观性(judicial subjectivity)。不过,相较于一种非谦抑的立场,塞耶主义为法官的主观判断留下了较小的空间(less room)。“即便采用塞耶式的规则,……决策的自由与负担依然存在。但是,司法裁量的自由受到了限缩,这就是塞耶的目的。他希望在并不削减司法责任和审查负担的前提下,限缩司法裁量的空间。”[11]

第三章至第五章的第二个重要目的在于,阐述塞耶谦抑主义对于三大宪法争议——死刑、同性结合和堕胎问题——的意义,进而我们可以考察,这些意义是否动摇了如下命题:最高法院在行使保障宪法人权的重大权力时,应当践行塞耶谦抑主义。对我而言,这些探讨非但没有动摇这一命题,而是有力地支持了它。在当今的美国社会,没有任何一个政治问题能比堕胎、同性结合和死刑问题更具道德争议性;事实上,堕胎和同性结合问题正处于美国文 177
化战争的中心。上文已述,为什么即便是塞耶式的法院也会判定某些法律和政策是违宪的:如对智障人士实施死刑。但是,当立法机关关于实施死刑并不违宪的判断,在法院看来有合理性时,法院就没有明确的正当理由来简单地(tout court)宣告死刑是违宪的;同理,若立法机关辩称禁止在胎儿独立存活期前的堕胎行为(第五章详细论述的一项含有例外情况的禁令)并不违宪是具有合理性的,那么法院就没有明确的正当理由来宣告该禁令就是违

---

[11] Sanford Gabin, Judicial Review and the Reasonable Doubt Test 45-46 (1980).

宪的。

塞耶主张，在美国，公民享有——至少被认为应当享有——最终的政治主权(ultimate political sovereign)。那么，为什么不应该是公民自己，而是最高法院，通过他们选择的代议者，来对系争的宪法问题作出最终决断——只要他们的答案是合理的？塞耶认为，在某种程度上，公民是被剥夺了这样的职责，他们“不再享有人
178 民主权”。[12] 更进一步的，“即便在不得不实施的情况下，司法审查也总是伴随着一个严重的后果(a serious evil)，即对于立法谬误(legislative mistakes)的纠正总是来自外部，人民因此丧失了本可以从以常规方式(in the ordinary way)来解决问题、来纠正错误中获得的政治实践、道德教育和激励。不幸的是，平常而简单地对待这项重大功能的倾向，现在甚至是被过于平常地对待，矮化着人民的政治能力，麻木着人民的道德责任感。”[13]最后，塞耶指出：“只

---

〔12〕 Thayer, “The Origin and Scope of the American Doctrine of Constitutional Law,” n. 1, at 87. 杰里米·沃尔德伦的相关观点如下：

> 我们会对那些热心政治的公民说些什么呢？她可能希望就一些她极为关心，并且经过深思熟虑已经得出了公允答案的权利，发动一场运动，或游说她的(代议者)。她并不要求成为一个独裁者；她清楚地知道自己并不比其他想要参政议政的人有更大的权利。但是，如同那些女权主义的先驱一样，她希望有投票的权利；她希望在那些重大政治问题中发出自己的声音。
>
> 我们会告诉她：“你需要通知媒体、呈递申请书并组织一个压力团体游说(立法机关)。但即便你实现了你的狂想，在大量的人中作好了协调，并最终让你的观点为立法机关所接受，你的想法同样会受到挑战并被推翻，因为你的观点……与法官们的不一致。当他们的观点与你不同时，他们才是最终的获胜者。”我认为，这样的说法是与一般人所认同的权利观念不相符的。

Jeremy Waldron, “A Right-Based Critique of Constitutional Rights,” 13 Oxford J. Legal Studies 18, 50-51 (1993).

〔13〕 James Bradley Thayer, John Marshall 106-07, 109-10 (1901). 另参见 Thayer, “The Origin and Scope of the American Doctrine of Constitu-tional Law,” n. 1, at 155-56.

有当法院严格的恪守自己的职责（adhering rigidly to its own
duty）时，……才能够让人民以及他们的代议者们承担起他们自己 179
的职责。”[14]

那么，最高法院是否应该践行塞耶谦抑主义？尽管塞耶的论证非常充分有力，但这一原则并不意味着，在系争法律被声称侵犯了宪法权利的任何案件中，最高法院都仅仅审查一个相反的命题（counterclaim），即是否有理由相信该法律没有侵害到基本权利，如果答案是肯定的，则支持这部法律。在特殊情况下，以上论证并不能为塞耶谦抑主义提供支持——也就是说，在判定符合如下特征的宪法问题时，关于一部法律之合宪性的合理怀疑的存在，并不是有益的：这样的宪法问题符合以下特点：当对这些问题的合宪性存在合理怀疑时，如果否定其合宪性，从长远来看，将有利于增强公民的参政能力——他们可以对有争议的政治（包括宪法）问题进行商讨，或者实质性地参与到的政治过程中。那么，什么样的宪法问题具有这些反塞耶主义（counter-Thayerian）的特点？

宪法第一修正案提到，政府不得“剥夺人民的言论与出版自
由，也不得剥夺人民和平集会和向政府请愿申冤的权利”。当涉及 180
对言论、出版和集会自由进行规制的法律或政策，其合宪性存在合理怀疑时，保留对这类规制的合宪性的合理怀疑，从长远来看，可能并不会削弱，反而会增强公民的参政能力，他们选出的代议者能以最佳的信息掌握方式，就争议中的政策问题，进行深思熟虑。在这个意义上，绝大多数情况下用以支持塞耶谦抑主义立场的民主论证逻辑（logic of the democratic argument），在某些情况下——对一项涉及言论、出版和集会的这样或那样的规制存在合宪性疑

[14] Id..

问时，恰恰成为支持与塞耶谦抑主义相反立场的理由。在判断这类问题时，最高法院不应审查那些声称一项规制并不违宪的主张是否具有合理性，而应当从法院的角度径行判断（in its own judgment）这一措施是否违宪，如果答案是肯定的，那么就推翻之。简言之，在涉及保障言论自由这一问题时，最高法院应当承担首要的职责（primary responsibility），而不是塞耶式的次要的职责（secondary Thayerian responsibility）。

我们所关注的——这项关注促进了塞耶谦抑主义论据的多样
181 化——是，民主决策过程不致被扼杀，以及可靠的民主决策能力不致被破坏。当存在合理怀疑的情况下，对于法院而言，对言论（以及出版、集会）的规制的不足带来的谬误，也比规制过当带来的后果要好得多。1960 年以来，发生了几个最为重要的涉及言论自由的案件——包括纽约时报诉沙利文案（New York Times Co. v. Sullivan），[15]勃兰登堡诉俄亥俄州案（Brandenburg v. Ohio）[16]和科恩诉加利福尼亚州案（Cohen v. California）[17]，在这些案件中，最高法院都秉持了与塞耶谦抑主义相反的立场。尽管最高法院最终在这些案件中都驳回了相关的违宪性质疑，但法院都是以径行判断相关措施是否违宪的方式来作出裁决的。当然，并不仅仅是言论自由案件，最高法院在很多宪法案件中，采取的都是径行

〔15〕 参见 376 U.S. 254 (1964)。公共官员（public official）“除非能够证明所涉言论存在‘真实恶意’（actual malice）——明知是假的，或者罔顾真伪，否则无法从一个涉及其公务行为的诽谤言论中获得赔偿”。

〔16〕 参见 395 U.S. 444 (1969)。州不得采取行为以“禁止暴力或违法的言论，除非这样的言论旨在煽动（directed to inciting）或制造即刻的违法行为（producing imminent lawless action），或可能煽动或制造这类行为”。

〔17〕 参见 403 U.S. 15 (1971)“除非存在特别重要的理由（a more particularized and compelling reason），州不得……将仅仅涉及四字母脏话（fuck）的单纯公众演出视为犯罪行为。”

判断相关法律是否违宪的方式。我的观点是，至少在言论自由案件中，法院直接加以判断，而不是(塞耶式地)考察系争法律不违宪 182
的主张是否合理，是更为恰当的。

[有两个问题我在本书中不打算具体展开，但都相当重要：当所涉言论在事实上并非政治性(political)言论时，最高法院应否容忍言论自由规制不足带来的后果，法院是否要违背塞耶谦抑主义？如果答案是否定的，那么"政治性"言论究竟应被划定在多大范围内？][18]

是否存在其他类型的宪法问题，适合反塞耶主义(counter-Thayerian)立场的特点：即在对这些问题进行审查时，法院支持对其合宪性的合理怀疑，从长远看来，将有利于增强公民的参政能力——他们可以对有争议的政治(包括宪法)问题进行商讨，或者实质性地参与到政治过程中？答案当然是肯定的，如涉及投票权(right to vote)的问题。尽管如此，目前的问题是，在审查那些不符合反塞耶主义特点的宪法争议时，最高法院应当秉持塞耶谦抑主义的立场。

我可以预见到针对塞耶谦抑主义的以下反对意见：在两种方
式之间，一种是采取塞耶谦抑主义的方式审查宪法人权问题(指的 183
是不符合反塞耶主义特点的那些问题)，另一种是积极地保障民主政治共同体中每一位成员的平等的公民资格，最高法院自然应选择后者。这样的异议是可以理解的——但却是一种误解(misguided)。最高法院无须在保持塞耶谦抑主义和积极保障所有公民的平等公民资格之间进行选择。即使是践行塞耶谦抑主义

---

〔18〕 比较以下两个文献，Stephen Breyer, Active Liberty: Interpreting Our Democratic Constitution 42 (2005) 和 Richard A. Posner, "Justice Breyer Throws Down the Gauntlet," 115 Yale L. J. 1699, 1704 (2006).

的最高法院，在布朗诉教育委员会案，〔19〕洛文诉弗吉尼亚州案(Loving v. Virginia)，〔20〕以及其他类似案例中，〔21〕都会做出和之前一样的判决。[那些无法对于最高法院在布朗案所确立的历史性原则的正确性(rightness)——合法性(legitimacy)——作出论证的司法审查理论，无论是否为塞耶式的，都是存在严重问题的："任何宪法审查理论所面临的严峻考验都在于，能否对现在已经被普遍视为最高法院的黄金时代(finest hour)——布朗诉教育委员
184 会案判决——作出正当性论证。"]〔22〕进一步而言，布朗案或Loving案并不是孤立的个案；在很多其他的案例中，即便是一个塞耶式的法院也有充分理由推翻一个提倡歧视的法律。例如，在

〔19〕 347 U.S. 483. 查尔斯·布莱克(Charles Black)写道，最高法院在布朗案中作出的历史性判决"开启了司法能动的时代"。Charles L. Black Jr., Decision According to Law 33 (1981).

〔20〕 388 U.S. 1.

〔21〕 参见第四章，第76～77页；前引17对Shelley v. Kraemer，334 U.S. 1 (1948)和Bolling v. Sharpe，347 U.S. 497 (1954)的讨论。

〔22〕 Gregory Bassham，Original Intent and the Constitution：A Philosophi-cal Study 105 (1992). 另参见Gerard Lynch，Book Review，63 Cornell L. Rev. 1091，1099 n. 32 (1983)["对于我们这个时代的绝大多数律师来说，布朗案是检验宪法理论的试金石(touchstone)，就如同之前的洛克纳案一样"]；Mark V. Tushnet，"Reflections on the Role of Purpose in the Jurisprudence of the Religion Clauses，" 27 William & Mary L. Rev. 997，999 n. 4 (1986)("就这个时代而言，检验一个宪法理论能否成立的标准就在于，它能否证明布朗案是正确的。")其他类似的观点，参见Carlos A. Ball，"The Backlash Thesis and Same-Sex Marriage：Learning from Brown v. Board of Education and Its Aftermath，" 14 William & Mary Bill of Rights J. 1493，1516 n. 191 (2006)。相反观点，参见John Harrison，"Reconstructing the Privileges or Immunities Clause，" 101 Yale L. J. 1385，1463 n. 295 (1992)："我关于第十四修正案的理论并不能支持最高法院在布朗案中的观点。就如同苏格拉底曾对诡辩家说过的，一个人不能用自己的标准来评判任何事物，布朗诉教育委员会案也是如此。……一种宪法解释并不能因为会在布朗案中得出一个不同结论就被断定为错误的。"

美国诉弗吉尼亚州案(United States v. Virginia)[23]中,最高法院认定弗吉尼亚州政府的行为违反第十四修正案,因而是违宪的:该州拒绝为具备资格的女性公民提供与对此感兴趣、具备资格的男性实质平等的军事教育。(弗吉尼亚军校这一公共机构只招收男学员。)该案中的证据表明,弗吉尼亚州的区别化政策是基于一个对女性角色有偏见的性别歧视观念,对此不存在合理怀疑的空间。[24] 在此情况下,弗吉尼亚州是将其部分公民视为了二等 185
(second-class)公民——就如同当弗吉尼亚州基于一个对非白色人种群体的应有角色带有偏见的种族主义观念时,会将部分人视为二等公民一样。因此,即便是塞耶式的法院,也有充分理由反对弗吉尼亚州的这些做法。不过,最能够明确表明本段开头的反对意见是一种谬误的理由是:正如我在第四章中论述到的,即便是塞耶式的法院也有充分理由,要求国家将法律保障延伸至同性结合的领域。

认为最高法院必须在秉持塞耶谦抑主义和积极保障所有公民的平等公民资格之间作出选择,显然是错误的。最高法院可以同时做到(do both)这两点。

再回到上面的问题:在审查那些不适合反塞耶主义特点的宪法人权问题时,最高法院是否应该秉持塞耶谦抑主义的立场?

大约在 50 年前,在一本名为《最小危险部门》(*The Least Dangerous Branch*, 1962;一部论述美国宪法理论的经典著作)的书中,亚历山大·比克尔(Alexander Bickel)写道:

---

〔23〕 518 U.S. 515 (1996).

〔24〕 Cf. Anna Quindlen, "Not Semi-Soldiers," Newsweek, November 12, 2007, at 90.

> 这样的论证，对于(司法)职能来说是必需的……(它)有别于立法与行政职能；……对于它的行使，在一个总体而言分享着(勒尼德·汉德)法官[Judge (Learned) Hand]对“共同冒险的感觉”(sense of common venture)所具有的那种满意
> 186 之情的社会，也接受了；在需要的时候，它是有效的；法院对该职能的行使，不会通过剥夺其他部门的尊严和他们自己的责任感而降低其履行职权的质量。[25]

在这本书中，我所关注的是美国联邦最高法院在保障宪法人权时所应扮演的角色。在我看来，在《最小危险部门》这本书出版之后的半个世纪以来，与其他的司法审查理论相比，塞耶谦抑主义的司法审查理论，是最接近比克尔的观点的。[26]

187 可以想见，并不是所有人都会同意我的观点。宪法理论，是一个始终存着分歧的激烈竞技场(an arena of intense)。但是，塞耶

---

〔25〕 Alexander M. Bickel, The Least Dangerous Branch: The Suprem Court at the Bar of Politics 24 (1962).(中文译本引自[美]亚历山大·M. 比克尔著:《最小危险部门——政治法庭上的最高法院》,姚中秋译,25 页,北京,北京大学出版社,2007。——译者注)

〔26〕 有大量的迹象表明,支持塞耶谦抑主义的司法审查理论正在不断增加。如以下两个最近的论述:

> 孔多赛式(Condorcetian)的观点指出,普通法的立宪主义者所持的反原旨主义的观点,同样支持当前的立法者保持司法谦抑态度的意见。……伯克(Burke)信息充分的解释的逻辑结果,不是沃伦法院那样能动的司法审查;而恰恰是对立法判断的谦抑态度。从孔多赛到塞耶,以及伯克,都主张在大多数情况下,司法都应尊重当前的立法者,除非存在极为明显的立法错误。……宪法裁判理论中的首要内容便是司法审查理论,即关于以司法权力改写立法命令的理论。但是,普通法的立宪主义者往往采取尊重先例的方式,这使得立法活动依旧能获得充分肯定。假如,多数法官的智慧要优于一个或少数法官,那么多数立法者的智慧很可能是最好的。

AdrianVermeule, “Common Law Constitutionalism and the Limits of Reason,” 107 Columbia L. Rev. 1482, 1506, 1532 (2007).(转下页)

谦抑主义的重要性是不可否认的，因此，宪法学者们不应当继续这样写作：一项关于法律违宪的主张，就是，隐晦地说，最高法院应当推翻这项立法（或最高法院有正当理由应这么做）。即便声称一项关于法律违反了宪法人权的主张，是一项具有合理性的主张，但是这并不意味着最高法院就应当认定该法律侵犯了宪法权利。系争法律没有侵犯宪法权利这项相反的主张，同样可能具有合理性。那么，如果相反的主张是合理的，为什么最高法院认定系争法律侵犯宪法权利就是正当的呢？

（接上页〔26〕）

在《新共和》（*The New Republic's*）网站上，凯斯·R. 桑斯坦（Cass R. Sunstein）对于最高法院缺乏以左翼人物去抗衡右翼人物的图景的出现［以斯卡利亚大法官（Scalia）与托马斯大法官（Thomas）为代表］表示了惋惜。对此，我慎重地持保留态度。事实上，法院左翼人物图景，在以奥利弗·温德尔·霍姆斯大法官（Oliver Wendell Holmes）和路易斯·布兰代斯大法官（Louis Brandeis）为代表的早期自由主义时代，就已经存在。但是，（《新共和》）自进步时代（progressive era）创办以来所推崇的图景，就根植于两党都秉持的司法克制的立场。如今，布雷耶大法官（Breyer）和金斯伯格大法官（Ginsburg）对这一观念进行了十分雄辩而系统的论证，与他们的同事相比，这两位法官倾向于较少地推翻州或联邦的立法。……由此可见，法官们愿意尊重立法者，自由主义者同样属于司法克制主义的阵营。

Jeffrey Rosen, "Court Approval: Will John Roberts Ever Get Better?" The New Republic, July 23, 2007.

后记：作为立法基础的宗教？ 189

——基于不立国教条款[*]的思考

* Non-establishment of Religion（不立国教条款），又称 establishment clause（设立条款、建立条款）。作者倾向于使用前一个名称（作者在本书第 191 页如此说明）。——译者注

在自由民主国家,宗教或者说宗教原理(religious rationales)
能否作为(强制性)立法之基础,这个问题必须被分解为两个截然
不同的方面:首先,在道德意义上,宗教能作为自由民主国家的立
法基础吗?其次,在宪法意义上,宗教能作为美国的立法基础吗?
对于前一问题,我已(在其他场合)进行过探讨[1],许多学者对此
190 也很关注[2]。就我而言,回答是肯定的;并且我认为哲学家克里
斯托弗·埃贝勒(Christopher Eberle)的重要著作《自由政治中的

〔1〕 我的看法在这几年已有所改变。参见 Michael J. Perry, Love and Power: The Role of Religion and Morality in American Politics (1991); Michael J. Perry, Religion in Politics: Constitutional and Moral Perspectives (1997); Michael J. Perry, Under God? Religious Faith and Liberal Democracy (2003).

〔2〕 参见,例如,Richard John Neuhaus, The Naked Public Square: Religion and Politics in America (2d ed. 1986); Kent Greenawalt, Religious Convictions and Political Choice (1988); Stephen L. Carter, The Culture of Disbelief (1993); Robert Audi & Nicholas Wolterstorff, Religion in the Public Square: The Place of Religious Convictions in Political Debate (1997); Kent Greenawalt, Private Consciences and Public Reasons (1997); Paul J. Weithman, ed., Religion and Contemporary Liberalism (1997); Robert Audi, Religious Commitment and Secular Reason (2000); Symposium, "Religiously Based Morality: Its Proper Place in American Law and Public Policy?" 36 Wake Forest L. Rev. 217-570 (2001); Christopher J. Eberle, Religious Convictions in Liberal Politics (2002); Terence Cuneo, ed., Religion in the Liberal Polity (2005); Eduardo M. Penalver, "Is Public Reason Counterproductive?," 110 West Virginia L. Rev. 515 (2007).

宗教信仰》(*Religious Conviction in Liberal Politics*, 2002)是对这一观点最有力的辩护。[3] 后记着眼于后一问题，该问题关乎宪法上的合法性(constitutional legitimacy)，不能将其与前一问题，也就是道德上的正当性(moral legitimacy)相混淆。

正如其他的自由民主国家，美国一直致力于保障宗教自由。191
但和大多数其他自由民主国家不一样的是，美国还致力于不确立国教(non-establishment of religion)。[4] 根据美国宪法的规定，

---

〔3〕 另参见 Christopher J. Eberle, "Religious Reasons in Public: Let a Thousand Flowers Bloom, but Be Prepared to Prune" (unpublished ms. 2007)。的确，考虑到杰拉尔德·盖斯(Gerald Gaus)在其最近的一篇论文中，赞成埃贝勒(Eberle)的如下观点，即市民及其选举出来的代表可能单纯地基于宗教原因而作出政治抉择，我倾向于认为这一争论已基本结束。参见 Gerald F. Gaus, "The Place of Religious Belief in Public Reason Liberalism" (unpublished ms. 2007)。埃贝勒和盖斯的上述两篇文章已被提交到美国哲学协会年会(annual meeting of the American Philosophical Association)，东部分会(Eastern Division)，2006 年 12 月，华盛顿特区(Washington, D. C.)另参见 Jürgen Habermas, "Religion in the Public Sphere," 14 European Journal of Philosophy 1 (2006); Virgil Nemoianu, "The Church and the Secular Establishment: A Philosophical Dialog between Joseph Ratzinger and Jürgen Habermas," 9 Logos 17, (2006).

> 哈贝马斯(Habermas)以一种明确且不可置疑的态度谴责了这样一类人，他们一直试图使公共场合的宗教交流失声并想要彻底将其消灭。"谨慎地(小心翼翼地)对待所有文化渊源，符合宪政国家的最大利益，公民团结与规范意识正是由此勃发。"相互理解的努力是商谈的应有之义。

〔4〕 和美国一样，法国也在宪法中规定了不得确立国教，在法国被称为"Laïcité"(政教分离)。参见 Cécile Laborde, "Secular Philosophy and Muslim Headscarves in Schools," 13 J. Political Philosophy 305, 308 (2005).

> 1905 年 12 月 11 日，(法国)当时的执政党共和党人废除了宗教协议(Concordat)，该协议自 1801 年来一直用于处理法国与"公认的宗教"之间的关系，并在事实上确保了占统治地位的天主教(Catholic Church)的政治权力和社会权力。1905 年《政教分离法》(*Law of Separation between Church and State*)的头两条如此写道：
>
> 第一条：共和国承认良心自由。保障宗教自由。
>
> 第二条：国家既不确立也不资助任何宗教。
>
> 教会与国家分离的原则自此便成为一项准宪法原则，1946 年宪法的第一条也提及了这一原则，根据该条规定："法国是统一的、政教分离的(laïcité)民主社会共和国。"

政府既不能禁止宗教的“活动自由”(“free exercise” of religion),也不能“确立国教”(“establish” religion)——此处“政府”意指立法者以及其他政府官员。[5] 不立国教条款(non-establishment
192 norm,如我所倾向的称法)是否就禁止将宗教作为立法的基础?更加准确地说,不立国教条款是否应该被理解为对这样一些法律(以及政策)的禁止,这些法律(以及政策)以宗教而非不可信的世俗理由(implausible secular rationale)作为唯一可辨识的理由(the only discernible rationale)?[正如我在第四章所阐释的那样,一种不可信的世俗理由——不能为一名理性、信息全面、深思熟虑的人所承认的理由,在宪法上就是不够充分的(constitutionally inadequate)。]如

〔5〕 宪法第一修正案规定:“国会不得制定关于下列事项的法律:确立国教或禁止宗教活动自由……”我同意肯特·格里纳沃尔特(Kent Greenawalt)的如下判断:“迄今为止对宗教条款原始含义最可信的解读——根据文义、法律颁布的过程以及国会的相关立法——是,在全国以及其他专属于联邦管辖的领域内行使被授予的权力时,国会可以保护但不得损害宗教信仰的自由,国会既不能在各州确立国教,也不能干涉各州确立(自己的‘州教’),并且,国会还不得在其他专属于联邦管辖的领域内确立国教。”Kent Greenawalt, “Common Sense about Original and Subsequent Understandings of the Religion Clauses,” 8 J. Constitutional Law 479, 511(2005). 另参见 Id. at 491。

不立国教条款,很早就被认为,不仅适用于——作为宪法基石而适用于——国会,而且适用于整个联邦政府,且不仅适用于联邦政府,也适用于州政府。实际上,这个条款规定了政府不仅不能设立国教,也不能禁止宗教活动自由。参见 Michael W. McConnell, “Accommodation of Religion: An Update and Response to the Critics,” 60 George Washington L. Rev. 685, 690 (1992):“政府既不得‘确立’宗教,也不得‘禁止’宗教。”麦康奈尔(McConnell)在“确立”一词的脚注中解释道:“(第一修正案的)条文表明国会不能制定法律‘推崇’某一宗教,这意味着国会既不能确立国家教会,在很多州存在各种‘州教’的情况下,国会亦不能对其进行干涉。随着 1833 年最后一个州宣示政教分离之后,以及第十四修正案的出台,州不再被排除在第一修正案的适用之外,修正案所强调的‘联邦主义’便丧失了实际意义,于是宗教条款可以被解读为禁止政府确立官方宗教。”Id. at 690 n. 19. 正如我在其他地方解释过的,如果一项宪法原则设置精良,并且没有明显推崇——尤其是在政治精英中——放弃这种原则的情形,这项宪法上的原理就构成宪法的基石。参见 Michael J. Perry, We the People: The Fourteenth Amendment and the Supreme Court 19-23 (1999).

果在缺少 R 的情况下，某项法律就无法被颁布，那么 R 就是某项法律的唯一可辨识的理由（the only discernible rationale）。 193

可以说在我们美国公民，包括那些宗教信徒之中，存在一项共识，即总的来说，宪法禁止我们的立法者确立国教，而这对宗教矛盾和社会矛盾的调和都是有益的。因此，对我们而言，关键问题并非美国宪法是否应该包含不立国教条款，而是该条款在不同的语境下应该如何被理解，即它究竟禁止什么。[6] 在本篇后记中，我提出的问题是，就立法活动而言，不立国教条款，应当被理解为对什么样的行为的禁止。我的结论是，关于不立国教条款是否意味着，禁止那些以宗教为唯一可辨识的理由的立法行为，这一问题的答案应视情况而定：对于某些宗教理由来说，答案是肯定的；对于其他的宗教理由来说，答案则是否定的。然而，我同样还认为：即
便根据不立国教条款，立法者也可以自由地基于任何宗教理由而 194
支持——投票通过——某部法律。上述两个结论似乎背道而驰；但我将在此后记中说明，事实并非如此。

Ⅰ. 不立国教条款的核心内涵

“确立国教”的理念，是大家耳熟能详的。[7] 对美国人来说，最为熟悉且最相关的例子便是英格兰教会（the Church of

---

〔6〕 然而，“最高法院现有一位［克拉伦斯·托马斯（Clarence Thomas）］大法官……曾两次宣称，各州受信仰自由条款之拘束，却不受设立条款之拘束。” Ira C. Lupu & Robert W. Tuttle, “Federalism and Faith,” 56 Emory L. J. 19, 49 (2006). See id. at 49-51.

〔7〕 如果对这一理念不够熟悉，请参见 Michael W. McConnell, “Establishment and Disestablishment at the Founding, Part I: The Establishment of Religion,” 44 Wm. & Mary L. Rev. 2105 (2003)。据麦康奈尔描述：（转下页）

195 England)，它从美国建国之前直到现在都是英国的国教[8]（虽然过去的英格兰教会比现在有更强的官方色彩）。[9]然而，与英国不

（接上页〔7〕）

> 一项确立国教的行为，是指通过政府权力宣传和灌输一套共同信仰。确立的信仰可能是狭隘的（关注于某特定类别的信仰）或宽泛的（包含了某一系列的观点）；它可能多少有点强制性；而且它可能包容或者是排除了其他的观念。从最初的设立到最终的废除，美国国教运动的发展呈现出，从狭隘、强制和不容异己，到宽泛、相对非强制以及宽容的特点。虽然关于国教的法律是个别而零散的，我们可以把它们总结为以下六类：①对教会教义、管理及人事的控制；②教会的强制性出席；③财政支持；④信奉异教的禁止；⑤教会机构的公共职能行使；以及⑥对所确立之教会教徒政治参与的限制。

Id. at 2131. 关于以程度强弱为序对不同种类的国教的梳理，参见 W. Cole Durham Jr.，"Perspectives on Religious Liberty：A Comparative Framework，" in Johan D. van der Vyver & John Witte Jr.，eds.，Religious Human Rights in Global Perspective：Legal Perspectives 1，19 et seq.（1996）.

〔8〕 Cf. Akhil Reed Amar，"Foreword：The Document and the Doctrine，" 114 Harvard L. Rev. 26，119（2000）："让我们来回忆一下我们的建国者想要批判的那个世界，在这个世界里，一个强大的教会组织被认定为国家的官方宗教，神职人员依其职位掌控着政府中的职务，而其他教会的成员则往往被阻隔在政府公职之外。"

〔9〕 现在英格兰教会作为国教的地位如何呢？参见 Cheryl Saunders，"Comment：Religion and the State，" 21 Cardozo L. Rev. 1295，1295（2000）.

> 英格兰教会的特殊地位表现在其与英国君主的法律关系中。根据法律，在位的国王或女王是教会的"最高统治者"，并且通过加冕宣誓维持这一地位。因此，君主不得是一名天主教徒或与天主教徒结为夫妇，必须在登基时宣誓他或她是一名新教徒（Protestant）。
>
> 这对于一个20世纪末的西方自由民主国家来说，是相当令人吃惊的。然而，情况还不止如此。君主还要任命大主教（archbishops）或其他教会要员。这些"神职议员"（"Lords Spiritual"）在上议院中占有26个席位。英国议会可以为教会立法，规定信奉的形式、教义以及准则。教会将教会事务有关的立法权授予了议会。教会所提起的立法措施（measures），议会可以接受或否决，但不得修改，而且，这些措施可以推翻与之相冲突的更早的立法。

桑德斯（Saunders）教授接着表述道：

> 然而，与英国政府体制一向所表现的那样，你所看到的并非完全与事实相同。向君主建议的教职人选，是首相从教会当局所提供的名单上选择的。实际上，议会也不太会否决教会的立法措施，或在其他教会事务上采取单方行动。弗农·波格丹诺（Vernon Bogdanor）提请我们注意1993年下议院（转下页）

同的是，美国没有确立国教。不立国教条款禁止政府将任何宗教 196
认定为政治共同体的官方宗教。（当我使用“任何宗教”一词，我指
的是任何神学意义上的宗教——例如，基督教，虽然有很多不同的
派别，有时仍被统一指称为“基督教”。）更加准确地说，宣称政府不
得确立国教指的是，与其他任何教会相比，政府不得基于下述观念
而授予某一教会以特权：作为一种教会，作为一种信念上的共同
体，某一受偏爱的教会在某种价值维度上，是更好的——比如说更
正确，在精神上或政治上更有效，[10]或者更能代表美国精神。[11]
特别是政府不得通过法律或政策，一般性地授予任何教会——例 197
如，第五大道浸信会教（Fifth Avenue Baptist Church）、罗马天主

（接上页[9]）

（House of Commons）的一场辩论，在这场关于女牧师授职仪式的辩论中，有几名议员认为，议会根本就不该对这个问题进行讨论。

Id. at 1295-96. 很明显，值得庆幸的是，英国现在存在国教，并不意味其如同曾经的英格兰教会一样。但是，关于英国现在仍然有国教这一事实，是存在争议的。参见，例如，Kenneth Leech, ed., Setting the Church of England Free: The Case for Disestablishment (2001); Clifford Longley, "Establishment - It's Got to Go," The Tablet [London], May 11, 2002, at 2; Paul Weller, Time for a Change: Reconfiguring Religion, State and Society (2005)。Cf. "The Act of Settlement Debate," The Tablet [London], August 11, 2007, at 4; Tim Hames, "It would have been more honest to have called it the Dangerous Catholics Act," The Tablet [London], August 11, 2007, at 5 [标题中的"it"指的是1701年的《王位继承法》(*Act of Settlement*)].

[10] 政治上更有效？假设一下，一名马基雅维利式（macchiavellian）的决策顾问，向当权者（powers-that-be）——假设是他一位无神论者——提议：确立国教有利于社会和谐，并且因为绝大多数公民都是A教会的成员，所以确立A教会而不是B教会或C教会（或其他教会）为国教，将更有意义。

[11] 正如威廉·布伦南大法官（Justice William Brennan）曾经指出：“个人在宗教问题上可能无法‘中立’，然而不立国教条款则表明，政府机构在宗教问题上的中立性既是可能的，也是必要的。” Marsh v. Chambers, 463 U.S. 783, 821 (1983) (Brennan, J., joined by Marshall, J., 异议意见).

教(Roman Catholic Church)或基督教——以特权;[12]也不能授予某类宗教活动——如祈祷、做礼拜,或某种宗教仪式[13]——以特权,或给予某一神学教义以特殊地位。

现在,美国的宪法学者、法官或者律师对于不立国教条款的核心内涵,已没有太大争议:该条款的核心内涵,即它最主要禁止的事
198 项,前文已有阐述。[14]然而,在它主要禁止的事项之外,关于不立国教条款禁止什么,或者说应该被理解为禁止什么,仍有很大争议。[15]

---

〔12〕 关于一般性授予基督教特权地位的例子,参见"Other Faiths Are Deficient, Pope Says," The Tablet [London], February 5, 2000, at 157:"基督的启示是'权威的、完整的',教皇约翰·保罗(Pope John Paul)在1月28日的教众集会上宣称。他将该段重复了两次,然后接着说,'相对于那些在教会中领悟了救赎之完整含义的基督徒而言,非基督徒处于一种不完满的状态。'"尽管如此,"(教皇约翰·保罗二世)承认,根据第二次梵蒂冈大公会议(Second Vatican Council),非基督徒如果真心寻找上帝,也可以获致永恒的生命。但是,在这种'真心寻找'的过程中,他们实际上是'被命令'走向基督和他的教会。" Id..

〔13〕 Cf. Douglas Laycock, "Freedom of Speech that Is Both Religious and Political," 29 U. California, Davis L. Rev. 793, 812-13 (1996). 主张"不立国教条款的核心在于,政府不能参与宗教仪式也不能强迫或说服公民参与宗教仪式的原则"。

〔14〕 参见,例如,CarlH. Esbeck, "The 60th Anniversary of the Everson Decision and America's Church-State Proposition," 23 J. L. & Religion (2007-2008, forthcoming):"当美国人在无礼地争论宗教信仰和教义时,政府应承诺不向争论的任一方加码……政府宁可保持一种'中立性'的形式。"

〔15〕 我已另文讨论过一个这类争议,参见 Perry, Under God?, n. 1, at 3-19。

我不在这里讨论由美国最高法院大法官们发展出来的关于不立国教的判例法。然而,值得一提的是,如果克拉伦斯·托马斯大法官是正确的话,那个判例法"处于极度的混乱状态……" Rosenberger v. Rector and Visitors of University of Virginia, 515 U. S. 819, 861 (1995) (Thomas, J.,协同意见)。许多宪法学者都表达了差不多相同的意见。参见,例如,Jesse H. Choper, Securing Religious Liberty: Principles for Judicial Interpretation of the Religion Clauses 174-76 (1995); William Van Alstyne, "Ten Commandments, Nine Justices, and Five Versions of One Amendment - The First. ('Now What?')," 14 William & Mary Bill Rts. J. 17 (2005)。阿卡希尔·阿马尔(Akhil Amar)则援引了"《美国最高法院报告》(*United States Reports*)中许多关于不立国教条款的古怪的(并且互相矛盾的)内容。"Amar, n. 9, at 119.

Ⅱ. 不立国教条款禁止政府确立宗教基础吗？

让我们看一下这样一个争议：根据不立国教条款的核心内涵，该条款是否应该被理解为，禁止政府确立任何宗教（神学上的）基础吗？

在美国，政府通过许多不同的方式，在确立或已确立了一种或多种的宗教预设。这里举几个著名的例子：1954 年，美国国 199
会将“上帝庇佑下”（“under God”）加入了效忠誓言[“上帝庇佑下的国度”（“one nation under God”）]。[16] 也是在 1954 年，“国会要求美元中所有的硬币和纸币都印上‘我们信仰上帝’（‘In God We Trust’）的口号。在 1955 年 7 月 11 日，艾森豪威尔总统（President Eisenhower）命令将这一口号印在所有的货币上。1956 年，法定箴言（national motto）从‘合众为一’（‘E Pluribus Unum’）变成了‘我们信仰上帝’（‘In God We Trust’）。”[17]在美国，许多法院，包括美国最高法院，都在开庭前正式吟诵“上帝庇佑美国以及这个光荣的法庭”（“God save the United States and

---

〔16〕 [根据《美国国旗法》(*United States Flag Code*)，效忠誓言的内容是：

我谨向美利坚合众国国旗，及其所代表的共和国宣誓效忠。这一上帝庇佑下的国度，是不可分割的，人人享有自由和公平。——译者注]

关于起源于 1892 年的效忠誓言的历史，参见 John W. Baer, The Pledge of Allegiance: A Centennial History, 1892-1992 (1992)。这个将“上帝庇佑下”加入誓词的故事，既涉及哥伦布骑士会（the Knights of Columbus）[一个罗马天主教的（慈善）组织]，又涉及“二战”后的反共产主义运动。参见 Id. at 62-63。

〔17〕 Id. at 63.

this Honorable Court")。[18] 有些州还要求他们的公立学校在每天早晨朗诵圣经或者做祷告。[19] 一些州的行政人员，包括有些
200 州的法官，将十诫(Ten Commandments)张贴于政府财产上，如公立学校的教室或走廊，法庭的墙壁，或法院的草坪内。[20] 至少在这样的一些情形中，政府或多或少地在确立宗教基础。那么，关于不立国教条款最恰当的理解，是否就是禁止政府确立任何宗教基础，而无论这类基础是什么？

我要简要梳理一下对不立国教条款所禁止之内容的两种不同理解。需要强调的是，对于该条款所禁止之内容的任何合理理解，都不会否定以下两个主张中的任何一个。

> 第一，不立国教条款禁止政府对任何宗教基础的确立，只要这种确立触犯了该条款的核心内涵。例如，政府不得确认——不论是明显地还是隐秘地，直接地还是间接地——耶稣是真神，或者罗马天主教是唯一的真正宗教。
>
> 第二，如果政府或多或少地确立了宗教基础——在不会触犯不立国教条款的核心内涵的情况下——那么在确立这些
> 201 基础的同时，政府不得强制性地要求任何人也承认这些基础，或者对拒绝这样做的人施加不利影响。[21]

---

〔18〕 参见 Marsh v. Chambers, 463 U.S. 783, 786 (1983)："正是在美国地区法院法官和三名巡回法院法官审理和判决案件的法庭里，程序的启动，始于一项声明，它被概括为：'上帝庇佑美国以及这个光荣的法庭'。同样的宣誓，发生在该法院的每场庭审中。"

〔19〕 参见，例如，Engel v. Vitale, 370 U.S. 421 (1962)；School District of Abington Township v. Schempp and Murray v. Curlett, 374 U.S. 203 (1963).

〔20〕 参见，例如，Stone v. Graham, 449 U.S. 39 (1980)；McCreary County v. American Civil Liberties Union of Kentucky, 125 S. Ct. 2722(2005)；Van Orden v. Perry, 125 S. Ct. 2854 (2004).

〔21〕 关于政府事实上是否强迫了某人这一问题的尖锐分歧——或者抽象而言，关于"强迫"的边界含义的分歧——并不常见。参见，例如，Lee v. Weisman, 505 U.S. 577 (1992).

考虑到不立国教条款的核心内涵，第一点主张就如同昼夜循环般的理所当然。（但事实上）我们并不需要不立国教条款来支撑第二点主张；信仰自由条款——拥有自由信奉宗教的权利——就足够了。只要稍微一思考就能明白，信仰自由条款不仅保障公民信奉自己所信仰的宗教的自由，还保障公民不信奉、不加入他人所信仰的宗教或任何宗教的自由。这种“消极”自由——不信奉自己所不接受的宗教的自由——包含了不承认自己所不接受的宗教基础的自由。

现在，根据此处的上下文，设想一下两种关于不立国教条款所禁止之内容的不同理解。根据第一种，也是一种较严格的解释
(more restrictive)，政府不得确立无论何种宗教基础。根据第二
种较宽松的解释(less restrictive)，只要不触犯不立国教条款的核 202
心内涵，政府可以确立任何宗教基础。[22] 只有当政府对任何宗教
基础的确立，都会触犯不立国教条款的核心内涵时，前一种较严格
的解释才有意义。但事实上政府对某些宗教基础的确立，确实不 203
会触犯该条款的核心内涵。只要举一个例子就足够了。前文已经

---

〔22〕 比尔·马歇尔(Bill Marshall)认为：“第一修正案在理论上已有定论，国家对宗教的明确支持是不被容许的。”从他的文章来看，这里“国家对宗教的支持”包括了国家对宗教基础的确立，主要表现为国家对某种祷告的支持。马歇尔引用了两个案例来支持他关于“已有定论”之事的陈述：Sante Fe Independent School District v. Doe, 530 U. S. 290, 309 (3000)；Lee v. Weisman, 505 U. S. 577, 587 (1992)。参见 William P. Marshall, “The Limits of Secularism: Public Religious Expression in Moments of National Crisis and Tragedy,” 78 Notre Dame L. Rev. 11, 21 & n. 57 (2002)。我并没有否认，最高法院关于不立国教条款的表述，直接或间接地支持了“国家对宗教的支持是不被容许的”这一观点。但是，请参见 Marsh v. Chambers, 463 U. S. 783 (1983)。尽管如此，马歇尔所引用的上述两个判决，都可以根据下述规则——该规则可被信仰自由条款所吸收——来理解：如果政府或多或少地确立了宗教基础——在不会触犯不立国教条款的核心内涵的基础上，那么在确立这些基础的同时，政府不得强制性地要求任何人也承认这些基础。（转下页）

提及，自 1954 年起，效忠誓言回应了亚伯拉罕・林肯（Abraham Lincoln）的葛底斯堡演说，宣称我们是“上帝庇佑下的国度”。（在葛底斯堡，林肯以此作结：“上帝庇佑下的国度，当享有自由之新生……”）像林肯一样，在宣称我们的国家是存在于上帝公正无误
204 的审判之下的国度时，[23] 政府没有视任何宗教——包括教派林立的基督教——为政治共同体的官方宗教；政府没有基于，某一教

（接上页〔22〕）

尽管如此，我为不立国教条款的宽松解释所作的辩护，毫无疑问是逆学术观点之大潮。这类观点的例子参见 Kent Greenawalt, “Five Questions about Religion Judges Are Afraid to Ask,” in Nancy L. Rosenblum, ed., Obligations of Citizenship and Demands of Faith 196, 197 (2000)（宣称“政府不得对宗教真理做出决定的核心含义是相当确定的”）；Andrew Koppelman, “Secular Purpose,” 88 Virginia L. Rev. 87, 108 (2002)（认为“不立国教条款禁止国家宣称宗教真理”是一种“公理”）；Douglas Laycock, “Equal Access and Moments of Silence: The Equal Status of Religious Speech by Private Speakers,” 81 Northwestern U. L. Rev. 1, 7 (1986)（“依我看，不立国教条款完全禁止政府支持或反对某一宗教……政府必须没有观点，因为政府该扮演的角色不允许其对此有观点。”）。但是，参见 Steven H. Shiffrin, “The Pluralistic Foundations of the Religion Clauses,” 90 Cornell L. Rev. 9, 72 (2004)：“美国宪法应被诠释为，承认非强制性的一神论的祈祷仪式。”

〔23〕 作为美利坚合众国诞生之第一个形成时刻（the first formative moment）的标志，《独立宣言》（*The Declaration of Independence*）明显被烙有对上帝的信仰：“我们认为下面这些真理是不言而喻的：所有人生而平等，造物主赋予其若干不可剥夺的权利……”（强调为译者所加。）如果宣言是标志着美利坚合众国诞生之第一个形成时刻，亚伯拉罕・林肯（Abraham Lincoln）的两篇文章，标志着这个国家再生（rebirth）的形成时刻：葛底斯堡演说（Gettysburg Address）和第二次就职演说，并且，后者无疑是美国历史上最有神学意味的政治演讲之一。“全能的上帝，”林肯在他第二次就职时说道，“另有他自己的目标。‘这世界有祸了，因为将人绊倒；绊倒人的事是免不了的，但那绊倒人的有祸了！’”（《马太福音》18：7 ——译者注）林肯继续说道：

> 如果我们假定美国的奴隶制是这里所说的罪恶之一，它按上帝的意旨是不可避免的，而现在在经过了上帝规定的时限之后，他决心要消灭它，再假定上帝使得南北双方进行了这场可怕的战争，以作为那些犯下罪过的人应该遭受到的苦难，那么我们从中能看出有什么地方是有悖于信仰上帝的信徒们总是赋予永远存在的上帝的那种神性吗？我们衷心地希望——热情地祈祷——但（转下页）

会，作为一种教会，或者一种信念上的共同体，在某种价值维度上是更好的这样一种观念，而更偏爱这一宗教；政府也没有授予某一教会的宗教活动以特权，或给予某一神学教义以特殊地位。在此语境下，对不立国教条款所禁止之内容，进行较宽松的解释比进行较严格的解释更有意义，因为政府对某些宗教基础的确立没有或 205
不会触犯不立国教条款的核心内涵。[24]

让我们更仔细地来考察一下这个较宽松的解释，这一解释使将“上帝庇佑下”加入誓词，或其他类似的行为并不违反不立国教条款。那么，根据相对宽松的理解，将“基督庇佑下”（“under Christ”）加入誓词［“基督庇佑下的国度”（“one nation under Christ”）］、将“我们信仰基督”［“In Christ We Trust”，或“耶稣是

（接上页〔23〕）

> 愿这可怕的战争灾祸能迅速过去。然而，如果上帝一定要让它继续下去，一直到奴隶们通过250年的无偿劳动所堆积起来的财富烟消云散，一直到，如三千年前人们所说的那样，用鞭子抽出的每一滴血都要用刀剑刺出的另一滴血来偿还，而到那时，我们也仍然得说，“主的审判是完全公正无误的”。我们对任何人也不怀恶意，我们对所有的人都宽大为怀，坚持正义；上帝既使我们认识正义，让我们继续努力向前，完成我们正在进行的事业……

虽然我们美利坚合众国的公民不用吟诵《独立宣言》、葛底斯堡演说或林肯的第二次就职演说，我们却要经常朗读效忠誓言。根据该誓言，美国是“上帝庇佑下”的国家：是一个像林肯在第二次就职演说中所坚称的那样，在主公正无误的审判下的国家。政治家和其他人都喜欢请上帝“保佑”美国。林肯明白，能够保佑美国的上帝，也同样能够赐祸于她：“上帝使得南北双方进行了这场可怕的战争，以作为那些犯下罪过的人应该遭受到的苦难……如三千年前人们所说的那样，而到那时，我们也仍然得说，‘主的审判是完全公正无误的’。”

〔24〕 Cf. ACLU of Ohio v. Capitol Square Review & Advisory Board, 243 F. 3d 289, 293 (6th Cir. 2001)：

> 对于我们作为一个独立民族的绝大部分历史来说，对“确立国教”之法律的宪法禁止，一般被认为应从字面意义来理解。该条款并不能被理解为，禁止国家一般性地表达那些为公民所广泛接受的宗教情感……这种禁止的主要意图，原则上应表现为阻止国家确立官方宗教，也包括像在美洲殖民地从英国王室赢取了独立地位的时候，存在于英格兰的那种国教。

真神”(“Jesus Is Lord”)]作为法定箴言，或者在法院开庭之前吟
诵“基督保佑美国和这个光荣的法庭”(“Christ save the United
States and this Honorable Court”)，会违反不立国教条款吗？为
了获致正确的答案，我们必须追问：当政府将“基督庇佑下”加入
誓词，有没有视任何宗教为政治共同体的官方宗教？有没有基于，
某一教会，作为一种教会，或者一种信念上的共同体，在某种价值
206 维度上是更好的这样一种观念，而更偏爱这一宗教似乎无法否认，
当政府将“于基督保佑之下”加入誓词时，确实将基督教——作为
整体的基督教，而非其中任一派别——视为政治共同体的官方宗
教；它确实基于，基督教作为一种教会，或者一种信念上的共同体，
在某种价值维度上是更好的这样一种观念，而更为偏爱它。因此，
根据对不立国教条款所禁止事项较宽松的理解，将“基督庇佑下”
加入誓词会违反该条款。[25] 在诸多信仰一神的宗教——犹太教、
基督教、伊斯兰教——共存的情况下，政府如果确立一些共通
(ecumenical)的(而非专属于某个宗教派别的(non-sectarian)宗教
207 基础，就不会违反不立国教条款。[26] 相反的，在上述情况下，政府

---

〔25〕 根据对不立国教条款所禁止事项较宽松的理解，将这个版本或那个版本的摩西十诫(Decalogue)确立为宗教基础，也违反该条款。参见 Paul Finkelman, “The Ten Commandments on the Courthouse Lawn and Elsewhere,” 73 Fordham L. Rev. 1477, 1480-98 (2005)。Cf. Frederick Mark Gedicks & Roger Hendrix, “Uncivil Religion: Judeo-Christianity and the Ten Commandments,” 110 West Virginia L. Rev. 273 (2007).

〔26〕 Cf. Id. at 274:

> 在最近的摩西十诫判例(Decalogue Cases)[Van Orden v. Perry, 125 S. Ct. 2854(2005); McCreary County v. ACLU, 125 S. Ct. 2722 (2005)]中，斯卡利亚大法官(Justice Scalia)承认政府在祈求“上帝”的保佑，甚至说出他的名字时，没法“不触犯到一些人关于多神论的信仰或者关于上帝不管世俗事务的信仰”。然而，斯卡利亚法官声明，这种触犯，并不属于宪法范畴，因为历史上对不立国教条款的理解，允许政府完全忽略那些不赞同一神论的人。考虑到97%以上的美国信教者都是基督徒、犹太教徒或穆斯林，斯卡利亚大法官总结道，政府援引或拥护对一神教中神的信仰，并不违反不立国教条款。

如果确立一个专属于某一宗教的宗教基础，则会违反该条款。即使根据对该条款所禁止之内容的较宽松的理解，政府如果在基督徒、犹太教徒以及穆斯林中选取了一个非共通性的宗教基础——例如，确立了耶稣是真神的预设，也会被认为触犯了不立国教条款。[27]

我们为什么不更进一步接受这样一种对不立国教条款的解释，即禁止政府确立任何宗教基础？如前所述，不立国教条款的核心内涵并没有如此严格的要求。不仅如此，没有任何基于历史的解读——基于美国历史的解读——支持这一理解，归根结底，我们
所阐述的是美国宪法。“（不立国教条款）不能……被理解为禁止 208
在官方话语中使用一般性宗教语言。认为宪法第一修正案的目的在于将世俗的政治文化强加于整个民族之上这一观点，将会让绝大多数19世纪的法官感到很荒谬。”[28]不论是期待最高法院接受

---

〔27〕 斯卡利亚大法官认为，“我们的宪法传统……禁止由政府资助的对宗教的支持……禁止的是宗派性的资助，是在人们所信仰之慈悲、全能的造物主和万物之主是多元的情形中，进行明确指定（例如，指定基督）。” Lee v. Weisman, 505 U. S. 577, 641 (1992) (Scalia, J.，异议意见).

〔28〕 ACLU of Ohio v. Capitol Square Review & Advisory Board, 243 F. 3d 289, 297 (6th Cir. 2001). 在表述这一观点之前，法院引用了史蒂芬·史密斯(Steven Smith)一篇文章中的下述片段：

> 立宪者通过了不立国教条款，也接受了政教分离原则，但是他们既没有将世俗的政治文化强加于这个国家，也没有在受任公职的时候同意抛弃他们自己的宗教价值观或文化。的确，这两种事都需要一种看上去不可能的智识上和心理上的手术。宣布一个全国性的感恩节或者邀请一个牧师在国会会议开始前祈祷，毋庸置疑是具有宗教性质的行为。但是在这些行为中，政府并没有侵入到任何教会的内部事务之中。这些行为也没有将政府权力赋予教会；国会也没有授予牧师辩论、投票，或直接影响政府决定的权力。因此，感恩节的宣布和立法前的祈祷，并没有违反不立国教条款的精神。

Id. at 297［引自 Steven D. Smith, “Separation and the ‘Secular’: Reconstructing the Disestablishment Decision,” 67 Texas L. Rev. 955, 973 (1989)］.

并适用一种对不立国教条款的脱离历史的解释，还是认为其他法院应该接受并适用这种解释，我都找不到什么好的理由。[29] 可以
209 肯定的是，我在这里为之辩护的那种对于不立国教条款的理解——相对宽松的解释——至少有一个小的优点，因为它并不会引致一个被美国绝大多数公民斥为荒谬至极的结论，比如，将“上帝庇佑下”加入誓词，将“我们信仰上帝”作为法定箴言，或者是在法院开庭之前吟诵“上帝保佑美国和这个光荣的法庭”等做法，违反宪法关于政府不得确立国教的规定。[30]

210 的确，将“上帝庇佑下”加入誓词、将“我们信仰上帝”作为法定

---

〔29〕 我在这段开始的时候提出了这样的问题，我们为什么不更进一步接受这样一种对不立国教条款的解释，即禁止政府确立任何宗教基础。但有些人可能想从相反的方向提出一个问题：我们为什么不接受如下一种解释，基于这种解释政府可以确立一种特定的基督教基础，而这项基础不属于任何一种基督教派别？最简单的回答是：政府不得确立这样一类基础，这是宪法的基石。

这里讲一点美国历史的小趣闻。宪法宗教条款保障协会（National Association to Secure the Religious Amendment to the Constitution）于 1864 年成立，旨在“促进宪法序言的下列修改（方括号标出部分）：‘我们合众国人民，[认识到全能上帝之存在与神性、圣经的神授威权、作为最高准则的上帝法令，以及耶稣、弥赛亚、救世主和所有的上帝] 为建立更完善的联邦，树立正义，保障国内安宁，完备共同防御，增进公共福利，并保证我们自身和子孙后代永享自由的幸福，特制定美利坚合众国宪法。” Jay Alan Sekulow, Witnessing Their Faith: Religious Influence on Supreme Court Justices and Their Opinions 125 (2006). 作为基督教的修正案，它“被国会考虑过两次：一次在 1874 年，一次在 1894 年。众议院司法委员会两次都驳回了该修正案。” Id. at 126。美国历史的其他趣闻，可参见《新闻周刊》（*Newsweek*）编辑乔恩 · 米查姆（Jon Meacham）的一篇专栏文章：“A Nation of Christians Is Not a Christian Nation,” New York Times, October 7, 2007.

〔30〕 即使那些反对对不立国教条款作相对宽松解释的人，也极有可能同意：最高法院现在不会，在任何可预见的将来也不会，判定将“上帝庇佑下”加入誓言（或者将“我们信仰上帝”作为法定箴言，或者其他类似的情况）违宪。如果最高法院在一部科幻剧本中作出了这样的判决，美国公民将会立即修改宪法以推翻该判决。Cf. Steven G. Gey, “‘Under God,’ the Pledge of Allegiance, and Other Constitutional Trivia,” 81 North Carolina L. Rev. 1865, 1866-69 (2003)；报道了对联邦（转下页）

箴言，或者其他类似的情况，冒犯了一部分美国公民。〔31〕但是只
要充分尊重公民的宗教信仰自由，政府无论是确立了一个或者更 211
多的宗教基础，都不会侵犯任何公民的人权。例如，爱尔兰共和国
的宪法确立了许多神学上的基础——同时也有力地保障了每位爱
尔兰公民进行宗教活动的自由——并没有侵犯公民的人权。〔32〕

（接上页〔30〕）

法院 Newdow v. U. S. Congress, 292 F. 3d 597 (9th Cir.)判决（随后作了修改）的几乎一致性的负面评价；Evelyn Nieves, "Judges Ban Pledge of Allegiance from Schools, Citing 'Under God,'" New York Times, June 27, 2002; Howard Fineman, "One Nation, Under ... Who?" Newsweek, July 8, 2002, at 20。宗教自由学者史蒂芬·希福林(Steven Shiffrin)认为，美国把这个国家从一个历史上的基督教国家演变成了一个"官方一神教"的国家。参见 Steven H. Shiffrin, "Liberalism and the Establishment Clause," 78 Chicago-Kent L. Rev. 717, 727 (2003)；另参见 Shiffrin, "The Pluralistic Foundations of the Religion Clauses," n. 22, at 70-73.

> 那些拥护在教会和国家之间筑起高墙、将"上帝庇佑下"从效忠誓言中移除的人，是在渴望一个世界上不存在的、可能也永远不会出现的国家。我们的宪法必须从我们传统发展的角度来诠释——不论你喜不喜欢。所以我们作出妥协，今天，政府可以将"我们信仰上帝"却不能把"我们信仰基督"印在硬币上面。

Id..

〔31〕 Cf. Steven D. Smith, Foreordained Failure: The Quest for a Constitutional Principle of Religious Freedom 164-65 n. 66 (1995):

> "孤立"(alienation)这个概念，或者象征性地排斥，很难把握。它如何，如果真的可以区分清楚的话，同每个发现自己属于政治上的少数群体的人所可能会感受到"气愤"、"苦恼"、"沮丧"或者"失望"区别呢？"孤立"，可能仅仅是指，因为至少在一些问题上没法在政治过程中占优势，而产生的自己属于宗教少数群体的个人观感。……这种观感可能是不舒服的。但是，宪法能够为这类现象提供有效的补救吗？含义不明的宪法条文不太可能改变这一现实——或少数群体的观感这一现实。

〔32〕 爱尔兰宪法在序言中确认了一项非教派的基督教基础："以圣父、圣子、圣灵三位一体之名，为一切权力的来源，也是我们的最终归宿，包括所有世人和国家的行为，我们爱尔兰人民，恭顺地承认我们对我主耶稣基督的一切义务，是他护佑我们的祖先渡过了数世纪的劫难……为此，特制定本宪法。"不仅如此，第 6 条还在相关部分规定："政府的立法、行政、司法等一切权力，在上帝庇佑下(under God)，来自人民，人民有权任命国家的统治者，并在最终诉诸公民复决时(in the final appeal)，根据公共利益的需要，决定国家政策的一切问题。"（强调为译者所加。）宪法第 44（转下页）

212　从更大的范围来讲，国际人权法强调了进行宗教活动的自由，但并

（接上页〔32〕）

条的相关部分规定："国家承认，公众崇拜全能的上帝是正当的。应当敬畏上帝，尊重宗教。"关于"序言中的宗教"，参见 Gerard Hogan & G. F. Whyte, J. M. Kelly's The Irish Constitution 6-7 (3d ed.,1994)。虽然爱尔兰宪法确认了基督教精神，它明确禁止对任何宗教的"资助"。第 44 条第 2 款第 1 项规定："国家保证不资助任何宗教。"

考虑到绝大多数爱尔兰人民的宗教信仰，爱尔兰宪法肯定基督教精神一点儿也不奇怪。爱尔兰宪法这么做没有侵犯任何人权。这里有三点意义重大。第一，爱尔兰宪法对基督精神的确立，其所内含的宗教信仰，绝不是否认——实际上，是肯定了——每个人，无论是否为基督徒，都不受侵犯这样的观念；即他们承认人权的理念。第二，爱尔兰宪法对基督精神的确立，绝不意味着对任何人的侮辱或贬低；它仅仅是想要表达绝大多数爱尔兰人民最基础的信仰。第三，也是最重要的一点，爱尔兰宪法保障，作为人权的自由信奉宗教的权利；不仅如此，它不是只保障作为爱尔兰多数群体的基督徒的此项权利，而且保障全体公民的此项权利。第 44 条的相关段落规定："每位公民享有良心自由、职业自由和宗教自由……国家不得基于宗教职业、信仰或身份，剥夺公民的任何资格或施以任何歧视。"第 44 条还规定："国家资助学校的立法，不得区别对待不同教派管理的学校，也不得有偏见地损害任何儿童进入学校享受公费教育，且不在其中接受宗教训导的权利。"（强调为译者所加。）因此，爱尔兰宪法因确认基督精神而侵犯人权的结论——或者爱尔兰因这种确认而不够成为一个完全成熟的自由民主国家的结论——简言之，过于极端了。以下是一篇关于爱尔兰宗教自由的优秀论文，参见 G. F. Whyte, "The Frontiers of Religious Liberty: A Commonwealth Celebration of the 25th Anniversary of the U. N. Declaration on Religious Tolerance -Ireland," 21 Emory International L. Rev. 43 (2007).

如果布赖恩·巴里(Brian Barry)的如下陈述，对英国来说，是符合事实的，那么对于没有国教，而仅仅做了一些将"上帝庇佑下"加入誓言及将"我们信仰上帝"作为法定箴言这种程度更轻的事的美国来说，就更加适用了。

> 当然，我们必须保持分寸。英格兰教会或者瑞典的路德教会(Lutheran Church)作为国教而享有好处，在一定程度上几乎不会让任何人强烈地感到被歧视。相反，否定罗马天主教徒的投票权，或者将加入英格兰教会作为进入牛津或剑桥的条件之一，则确实构成了严重的不公。如果严格且不偏不倚地坚持公正的原则，毫无疑问地，将绝不会容许国教的存在。但是，只要没有人因其信仰而遭受宗教活动的阻碍，或因为信仰而在其他方面(例如，政治、教育、职业等)遭到权利上和机会上的限制，因而被置于严重的不利地位，那么这种对公正的偏离，也是可以容忍的。
>
> Brian Barry, Justice as Impartiality 165 n. c (1995).

不包含任何像禁止设立国教这样的条款；特别是关于宗教自由的 213
最重要的国际文件，《消除基于宗教或信仰原因的一切形式的不容忍和歧视宣言》(*Declaration on the Elimination of All Forms of Intolerance and of Discrimination Based on Religion or Belief*)，也没有提出任何像不立国教这样的要求。[33]

事实真的如此吗？对不立国教条款所禁止的内容进行较严格的解释，必然会得出，将"上帝庇佑下"加入誓词、将"我们信仰上帝"作为法定箴言，或者是在法院开庭之前吟诵"上帝保佑美国和
这个光荣的法庭"，是违宪的这样的结论吗？接受较严格解释的人 214
有没有可能避免得出这一结论，也就是那个大多数美国公民都会认为荒谬透顶的结论？

考虑到如下意见，将"上帝庇佑下"加入誓词、将"我们信仰上帝"作为法定箴言(或其他类似情况)并不违宪，因为这些声明并不真的构成政府对某一宗教基础的确认；相反，这只是爱国的或仪式

---

〔33〕 从人权的道德性角度来看，自由民主国家是否确立国教是一个无关紧要的问题——只要它们充分保障了自由从事宗教活动的权利。也可参见 John Finnis, "Religion and State: Some Main Issues and Sources," http: //ssrn. com/abstract=943420 (2006), at 30(该文主张，只要充分保障了自由从事宗教活动的权利，"在构建他们的宪法制度时，一个民族就可以在保持公正和政治合理的情况下，记载下他们关于真正的宗教信念和共同体的身份和名称的庄严的信仰")。然而，在实践上，一个自由民主国家会以一种较弱的方式"确立"国教。比如，一个自由民主国家不得因为其公民不是国教的成员而歧视他。正如天主教会的红衣主教(cardinals)和其他主教们在第二次梵蒂冈大公会议上所说的那样：

> 在特定情况下，如果在社会的宪法秩序中，一个宗教共同体在所有人中获得了特别的民事认可，所有公民及宗教组织的宗教自由权利应当同时获得承认并在实践中有效实施，就变得十分迫切。
>
> 最终，政府必须保证，作为公共利益要素之一的公民在法律前的平等权，不得因宗教原因而受到不论是公开的还是隐秘的侵犯，并且，公民之间不得因此产生歧视。

Dignitatis Humanae, section 6.

性的表达(patriotic or ceremonial utterances),并不包含实质性的宗教内容。[34] 1983 年,最高法院威廉·布伦南大法官(Justice William Brennan)与瑟古德·马歇尔大法官(Justice Thurgood Marshall)写道:

> 坦白来说,我并不知道如何适当地处理以下这些我们公共生活中的惯用词句,如"上帝保佑美国和这个光荣的法庭""我们信仰上帝""上帝庇佑下的国度",诸如此类。我比较同意这一观点……这些格言是符合不立国教条款的……因为它们已经失去了任何实际的宗教意义。[35]

2004 年,首席大法官威廉·伦奎斯特(Chief Justice William Rehnquist)与桑德拉·戴·奥康纳大法官(Justice Sandra Day O'Connor)表达了类似的观点:"'上帝庇佑下'这一语句,绝非祈祷,也不是对任何宗教的支持……宣誓,或者听别人宣读它,是
215 一种爱国行为而非宗教行为;宣誓者是对我们的国旗和我们的国家承诺忠诚,而非对任何特定的上帝、信仰或教会承诺忠诚。"[36]

在对不立国教条款作严格解释的前提下,声称"上帝庇佑下的国度"或"我们信仰上帝"仅仅是爱国或仪式性的表达,并不包含实质性的宗教内容,显然是一个便利的策略(a convenient strategy),

---

〔34〕 Cf. Marshall, n. 22, at 23 [讨论"仪式性的自然神论"("ceremonial deism",又称"非宗教性的宗教",a non-religious religion)——译者注]。

〔35〕 Marsh v. Chambers, 463 U. S. 783, 818 (1983) (dissenting).

〔36〕 Elk Grove Unified School District v. Newdow, 542 U. S. 1, 31 (2004) (协同意见)。该案的诉求如下,正如要求公立学校的学生念祷告词违反不立国教条款,要求他们念效忠誓言也一样违反不立国教条款,因为该誓词提到美国是一个"上帝庇佑下"的国家,所以念这个誓词是宗教行为。第九巡回法庭的上诉法院支持了该诉求,于是该案被上诉至美国最高法院,在这里:(转下页)

以避免得出将“上帝庇佑下”加入誓词或将“我们信仰上帝”作为法
定箴言违宪的结论。它也是一个明显不真诚的对策(disingenuous 216
strategy)。[37]确实，对于某些公民来说，这种陈述仅仅是形式性的、无宗教内涵的话语；然而，如果认为这种陈述对于大多数或者甚至许多美国公民来说是无宗教意义的——或者对于那些在1954年将“上帝庇佑下”加入誓词的国会议员来说是无宗教意义的，则绝对是一种误解。[38]对于大多数美国人来说，这些陈述，正如它们实际的本意一样，饱含着真诚而丰富的宗教内容：上帝存在；上帝创造并支持着我们；人人均拥有上帝赋予的且不可侵犯的尊严；并且正如林肯在第二次就职演说中宣称的那样，我们立于上帝公正无误的审判之下。[39]

(接上页〔36〕)

六名法官基于程序的理由推翻了原判决，他们认为纽道(Newdow)没有提起该诉讼的原告资格。然而，三名法官，即首席大法官伦奎斯特(Chief Justice Rehnquist)和大法官奥康纳(O'Connor)及托马斯(Thomas)则基于实体的理由(on the merits)反对第九巡回法庭的判决。

分析第九巡回法庭的观点需要分清两个问题：第一，宣誓是不是宗教行为；第二，政府官员要求将该宣誓作为公立学校日程的一部分是否合宪。伦奎斯特首席大法官和奥康纳大法官都否认宣誓属于宗教行为，因此认为它可以作为公立学校日程中的一部分。托马斯大法官则承认该誓词具有宗教性，但是……尽管如此，仍主张它是合宪的。

Shiffrin, “The Pluralistic Foundations of the Religion Clauses,” n. 22, at 65-66. 希福林(Shiffrin)主张“上述誓言具有宗教性质，国会鼓励其使用是合宪的，但是在公立学校的课堂中使用该誓言，则不能被认为是被宪法所允许的。”Id. at 66.

〔37〕 参见 Richard John Neuhaus, “Nasty and Nice in Politics and Religion in the Public Sqare: A Survey of Religion and Public Life,” First Things, March 2004, at 69, 70.

〔38〕 如对此观点持怀疑态度，则不能错过史蒂芬·盖伊(Steven Gey)的一篇好文。参见 Gey, n. 30, at 1873-80.

〔39〕 参见 Douglas Laycock, “Theology Scholarships, the Pledge of Allegiance, and Religious Liberty: Avoiding the Extremes, Missing the Liberty,” 118 Harvard L. Rev. 155, 224-27 (2004)(主张诵读效忠誓言是表达一种职业信念)；Id. at 226-27 and n. 458(请注意其他认为诵读效忠誓言是表达一种职业信念的观点)。

没有一种智识性的坦诚方式(intellectually honest way)，可以使人在接受对不立国教条款的更加严格的解释的同时，又能够避免得出将“上帝庇佑下”加入誓词、将“我们信仰上帝”作为法定箴言，或者是在法院开庭之前吟诵“上帝保佑美国和这个光荣的法
217 庭”是违宪的这样的结论。对于一个智识上坦诚的人来说，接受更加严格的理解等同于接受上述结论。[40]

Ⅲ. 被合理理解的不立国教条款是否禁止将宗教作为立法基础?

至此，首要的问题是：在美国，宗教是一种合法的——在宪法意义上合法的——立法基础吗？更加准确地说，不立国教条款应该被理解为，禁止那些以宗教为唯一可辨识的理由(至少除了一些不可信的世俗理由以外)的法律(以及政策)吗?[41] 两点澄清：

> 第一，此处所讨论的最主要的法律，是那些强制性的法律，因为强制性法律若以宗教性理由作为唯一可辨识的理由，就相当于将特定的宗教信仰强加于那些该法所强制适用的对
> 218 象。[42] 例如，肯特·格里纳沃尔特(Kent Greenawalt)曾写

〔40〕 参见 Shiffrin, “The Pluralistic Foundations of the Religion Clauses,” n. 22, at 66-70[解释了为什么伦奎斯特和奥康纳在 Newdow 案(参见脚注〔30〕)中的立场是站不住脚的]。

〔41〕 希福林提出过了几乎差不多的问题，而且，除非我理解有误，他给出了和我这儿几乎差不多的回答。参见 Steven Shiffrin, “Religion and Democracy,” 74 Notre Dame L. Rev. 1631, 1652-56 (1999).

〔42〕 Cf. Robert Audi, “Liberal Democracy and the Place of Religion in Politics,” ... 32：“没有宗教信仰的人往往对不(因为宗教原因)被强迫，有着强烈而固执的热情……许多没有宗教信仰的人会因为被要求按照那些在他们看来根本不存在的神的名义行事，而感到愤怒。”

道："实施单纯的宗教道德"的法律，"它们将宗教强加于人，这令人无法接受"。他举了一个例子，"反对同性恋关系的法律，是基于《圣经》视这种关系有罪的观念……"[43]

第二，我所说的"宗教的"理由，指的是一个至少部分地依赖宗教基础的理由；相反，"世俗"的理由并不依赖任何宗教理念。我所说的"宗教的"基础，是指关于存在(existence)[44]、本质(nature)、行为(activity)，或神的旨意(will of God)的一种预设或主张，比如同性结合违背神的旨意这样一种预设。[45]

我在之前的部分已经讨论过，基于对不立国教条款所禁止之 219
内容的最为中立的解释(the most balanced understanding)，该条

〔43〕 Kent Greenawalt, "History as Ideology: Philip Hamburger's Separation of Church and State," 93 California L. Rev. 367, 390-91 (2005). 另参见 Kent Greenawalt, "Religiously Based Judgments and Discourse in Political Life," 22 St. John's J. Legal Commentary 445, 487 (2007)："要求人们遵循宗教的道德准则，而忽视对应受保护之主体带来的普通伤害，就是一种将宗教观念强加于他人身上的表现。" Cf. Stephen Macedo, "Transformative Constitutionalism and the Case of Religion: Defending the Moderate Hegemony of Liberalism," 26 Political Theory 56, 71 (1998). ("因为信仰不同就无法进行分享，进而因此设法强迫别人是错误的，这是自由精神所要求的。") Robert Audi, "The Place of Religious Argument in a Free and Democratic Society," 30 San Diego L. Rev. 677, 701 (1993). ("如果你是完全理性的，而我不能在我们作为理性人所共享的概念框架中，通过辩论说服你接受我的观点，那么即使我属于多数群体，我也不能强迫你。")

〔44〕 从不存在(non-existence)这个角度来看，无神论，对不立国教条款来说，也是一种宗教的立场——一种关于宗教问题的立场。Cf. Derek H. Davis, "Is Atheism a Religion? Recent Judicial Perspectives on the Constitutional Meaning of 'Religion,'" 47 J. Church & State 707(2005).

〔45〕 Cf. Eberle, Religious Conviction in Liberal Politics, n. 2, at 71:

> 我会把宗教基础理解为……任何一种具有有神论内容(theistic content)的基础。典型的宗教基础，如上帝主张种族和谐的公认经验，上帝在《圣经》中给出的同性恋在道德上应受禁止的主张，上帝厌恶环境掠夺行为的宗教权威证据。

款禁止政府确立一些宗教基础——但是它仍为政府确立另一些宗教基础留有空间——一些即使被政府所确立，也没有或不会违反不立国教条款的核心内涵的宗教基础。[46]依此主张，不立国教条款不应当被理解为禁止这样一些法律，这些法律的唯一可辨识的理由是一种宗教原理，而这一原理则是基于一种（或数个）会被政府所承认的宗教基础（因为这么做没有，也不会，侵犯不立国教条款的核心内涵），如人人均拥有上帝赋予的且不可侵犯的尊严这一
220 预设。[47] 然而，这同时也表示，不立国教条款应当被理解为禁止如下法律，这些法律的唯一可辨识的理由是一种宗教原理，而这一原理是基于——在这一层面上，也是承认——一个不会被政府所承认的宗教基础。

如果没有一种宗教原理——如果不是因为这一宗教原理——一个立法者就不会投票同意颁布一部法律的话，那么该立法者支持这部法律——她投票同意颁布这部法律——就是“基于”这种宗教的基本原理。换句话说，如果单凭其他世俗的原理，无法推动她去通过这部法律，那么该立法者就是“基于”宗教的原理为该法律

---

〔46〕 虽然在不立国教条款之下，仍然存在一些政府不会确立的宗教基础——比如，上帝不是像某些“年轻地球神创论者”(young-earth creationists)声称的在6000年前创造了宇宙，而是在几十亿年前创造了宇宙——但是，只要政府确立非宗教性预设的理由并非基于那些不得承认的宗教理念，政府就仍然可以确立一个非宗教性的预设，而这一预设可以与其不得确立之宗教基础所得出的结论相一致。因此，政府可以宣称宇宙已存在了几十亿年。

〔47〕 Cf. Edwards v. Aguillard, 482 U. S. 578, 615 (1987) (Scalia, J., dissenting)：“我们的判例，在任何情况下，都没有包含如下观点：不立国教条款禁止立法者仅依据他们的宗教信仰行事。我们当然不会推翻一部旨在拨付经费，以给饥饿者提供食物或给无家可归者提供住所的法律，即便它显示出，如果没有立法者的宗教信仰，这种拨款是不会被通过的……由宗教动机驱使的政治行为，是我们传统的一部分。”

投赞成票。[48] 然而，我在这儿所阐述的不立国教条款，对于投票
通过某部法律的立法者，事实上是否完全地或者部分地基于一项
“令人厌恶”的——源自一种不被政府所承认的宗教基础——宗教
原理，则在所不问。以下几点理由很好地阐述了此种无关性。 221

- 要多数立法者对于如果没有一个“令人厌恶”的宗教理由，他们是否会投票支持某一法律这个问题，做出确信的回答，是不切实际的。
- 此禁令，从法律上说，应该是有司法强制力的(judicially enforceable)。如果多数立法者自己都无法对上述问题作出确信的回答，又怎么能期待法院会知道他们是否会这么做？
- 更甚者，如果法院有责任对上述问题作出判断，有些立法者就会策略性地假装他们投票支持某一法律的实施，是基于一个可信的世俗理由和/或一个“并非令人厌恶”的宗教理由。
- 最后，考虑一下这种情况：A 法院推断 A 州的立法者，是
基于一个可信的世俗理由投票支持法律 L 实施，因此认为
L 是合宪的，而同时另一个法院推断出 B 州的立法者，基 222
于任何可信的世俗理由都不会为同一部法律投赞成票，因
此认为 L 是违宪的。在 A 州，L 是合宪的；在 B 州，L 是违
宪的。一种多么吊诡的情形啊！

因此，不立国教条款最好被理解为，并不禁止立法者基于“令

[48] Cf. Eberle, Religious Conviction in Liberal Politics, n. 2, at 73：

某人是否仅基于他的宗教信仰支持一部法律，取决于对一个相反问题的答案：即便他不相信某种有神论的信念 T 可以为某种道德理念 C 提供充分理由，他还会将 C(他正是基于此才支持某提请审议的法律)视为该法律的充足理由吗？

人厌恶”的宗教原理支持一部法律，而是仅禁止那些唯一可辨识的理由是“令人厌恶”的宗教原理的法律。

从实践的角度来看，对这类法律的禁止有多大的意义？在美国，现在几乎没有，在可预见的将来也几乎不会有，现行的法律或被提议的法律——至少，大多数被提议的且有被颁布实施的现实可能性的法律——会满足这一特点：“以‘令人厌恶’的宗教原理为唯一可辨识的理由的法律。”例如，我在第五章解释过，在多数情况下，禁止堕胎的法律，有一个可信的世俗理由——一个理性、信息全面、深思熟虑的人也会认可的世俗理由。然而，有一项政策则可能触犯上述禁令：许多州拒绝承认——拒绝将法律保障延伸至
223 同性结合的领域。如果没有可信的世俗理由可以解释这一政策——如果可解释这一政策的唯一理由，乃是同性性行为违背神的旨意这样一种预设，下述问题就具有决定性：政府可以确立同性性行为违背神的旨意这一预设吗？我在第六章讨论关于同性结合的争议时强调过这一问题。

我在后记的开头就提到，这里所讨论的首要问题——宗教（宗教的基本原理）在美国，作为立法基础是否具有宪法上的正当性——不能同另外一个已经在美国（以及其他地方）争论了大概30年的问题相混淆：宗教，作为自由民主国家的立法基础，在道德上是否正当；更准确地说，在一个自由民主国家，立法者基于宗教的理由颁布一部法律，在道德上是正当的吗？再一次强调，对于这个问题，在我看来，答案是肯定的。〔49〕

有些人在回答该问题时倾向于认为，我此处阐述和为之辩护
224 的不立国教条款——禁止以“令人厌恶”的宗教原理作为唯一可辨

〔49〕　参见第一章脚注〔3〕以及所对应的正文。

识的理由的法律——对于宗教信仰者是过度的限制。那么，让我来解释一下为什么需要反对这种想法。

> 首先，如果一部法律唯一可辨识的理由是基于一种会被政府所确立的宗教基础，包括人人均拥有上帝赋予的且不可侵犯的尊严，那么不会违反此种禁令。
>
> 其次，虽然一部以“令人厌恶”的宗教原理为唯一可辨识的理由的法律会违反这一禁令，但是如前所述，在美国，现在和可预见的将来，几乎都不会有多少现行的或被提议的法律符合上述特点。

因此，关键问题不是禁止立法以“令人厌恶”的宗教原理作为唯一可辨识的理由，是否是不适当的限制，而是该禁令在实际上是否有一丁点儿作用？

不仅如此，就不立国教条款而言，立法者有权基于任何宗教原
理，即使是“令人厌恶”的宗教原理，来支持某一法律；[50]她有权支 225
持这样的法律：若不是基于一个“令人厌恶”的宗教原理——按照
不立国教条款，政府所不得确立的宗教基础——她不会投票支持
某一法律。[51] 然而，事实上，美国绝大多数的宗教信仰者，在表达 226

---

〔50〕 这并不是否认，一项宗教理由可能会与自由民主国家的道德性不相符，或者与不立国教条款以外的其他宪法条款不相符，或者与上述两者均不相符。例如，试想这样一个宗教主张：在上帝造物的秩序中，有些人不具有固有尊严。

〔51〕 Cf. Audi & Wolterstorff, n. 2, at 105(Wolterstorff 执笔；强调为原文所有)：

> 社会上相当多信教者的宗教信念告诉他们，应该根据他们的宗教信仰决定基本的正义问题。他们不认为这是一个可以选择的问题。这是关于他们终其一生应当追求之完全性(wholeness)、完整性(integrity)及融和性(integration)的信念：他们应当以上帝的启示、摩西五经(Torah)的教义、耶稣的命令与榜样，或任何其他类似的指示，来塑造一个作为整体的自身存在，也包括他们的社会与政治存在。对他们而言，宗教，不是社会和政治存在之外的事物；而是关涉他们的社会与政治存在的事物。(转下页)

政治立场时，对于有争议的道德问题，都提供了非宗教性的理由。甚至“多数宗教保守者都频繁且大声地基于非宗教的根据为他们的立场辩护……堕胎的罪恶、异性一夫一妻制的重要性、滥交和色情的代价——所有这些问题都会频繁地被社会保守人士提出，而并不涉及《圣经》中的神的启示”。〔52〕因此，再一次强调，关键问题不是禁止以“令人厌恶”的宗教原理作为唯一可辨识的理由的法律，是否是不适当的限制，而是该禁令在实际上是否有一丁点儿作用。〔53〕

(接上页〔51〕)

有人会提出如下观点：在自由民主国家——或至少像美国这样的宗教多元的自由民主国家——在公共场合的政治问题辩论中，提出宗教理由是不适当的，宗教理由应存于私人场合，而只将世俗理由带入公共领域。然而，如果某人像我和克里斯·埃贝勒(Chris Eberle)一样，认为在自由民主国家，宗教原理确实是一种立法基础，那么他大概也会同意将宗教原理带入公共领域——也就是说，将宗教原理作为公共政治商谈的主题，具有道德上的正当性。然而，即使是想要反驳宗教原理在民主国家是立法基础这一观点的人，也会承认宗教原理作为公共政治商谈的主题，具有道德上的正当性：阻止立法者及其他公民在公共政治商谈中提出宗教原理，是没有意义的，因为不管你喜不喜欢，在某些自由民主国家，立法者和其他公民基于宗教原理支持一项有争议的法律，是不可避免的——在美国必然也是无法避免的。这项原理(除非它在政治上是边缘性的)被批判性地应用于公共政治商谈，明显比忽略它要好。参见 Perry, Under God? n. 1, at 38-44.

〔52〕 Ross Douthat, “Theocracy, Theocracy, Theocracy”, First Things, August/September 2006, at 23, 28(强调为译者所加)。

〔53〕 约翰·菲尼斯(John Finnis)在如下阐述中展示了罗马天主教会关于道德、理性与宗教之间关系的观点：

> 如果某一宗教是真正的宗教，作为个体的选民和立法者可以并应当正确地考虑其牢固的道德教义，只要该教义与法律和政府问题有关……当说选民和立法者享有这项自由时，我推定该真正的宗教将其道德教义视为一种公共理性(public reason)，也就是说，可以被纯粹的哲学探究所理解和接受，并且只能被神的启示或展示该启示的神学教义所阐明和/或显得更确定。

Finnis, n. 33, at 29. 因此，当罗马天主教的主教们对有争议的政治问题发表言论时，不立国教条款并没有被触犯。

宗教自由权是一项被广泛认可的人权，每个政府都应当确认 227
该项权利，而且，每个自由民主国家都确认了该项权利。在此后记中，我并不是主张每个国家，或每个自由民主国家都应该致力于不立国教。总的来说，宪法禁止确立国教，对于美国（中立地）来讲，是不是一件好的事情，和对于，比如说，英国政府而言，是不是一件好的事情，是不同的问题。对前者的肯定回答，并不能推导出对后者的肯定回答（虽然对后一问题作出肯定回答很有可能是正确的）。正如格里纳沃尔特所说的那样，事实往往是，“什么样的限制性原则，如果有可能是适当的话，……也有赖于特定的时间和空间，取决于在当前社会的组成结构、它的历史以及可能的发展。”〔54〕

一个非常重要要的——但不是我在此处探讨的——问题是，禁止确立国教，对其他一些甚至所有的自由民主国家的政府来说，是不是一件好的事情。作为美国公民，我只关心，在宪法上禁止美国政府确立国教是否是一件好事。我在此后记的开篇
已提及，可以说，在我们美国公民，包括其中的宗教信徒之间，存 228
在一项共识，即总的来说，宪法禁止我们的立法者确立国教，对宗教矛盾和社会矛盾的调和都是有益的。因此，对我们而言，关键问题并非美国宪法是否应该包含不立国教条款，而是该条款在不同的语境下应该如何被理解，即它究竟禁止的是什么。在本篇后记中，我提出的问题是，不立国教条款，根据其核心内涵，

〔54〕 Greenawalt, Private Consciences and Public Reasons, n. 2, at 130.

应当被理解为禁止什么样的立法行为：该条款是否意味着，禁止那些以宗教为唯一可辨识的理由的立法行为？我的回答是：是的，但是仅当该理由是基于那些根据不立国教条款政府所不得承认的宗教基础时。[55]

---

〔55〕 肯特·格里纳沃尔特(Kent Greenawalt)阐述了一个主张，与我此处的主张非常接近，参见 Greenawalt, "Religiously Based Judgments and Discourse in Political Life", n. 43, at 476-91。

> 作为一项理论原则，我认为宗教道德的应用会违反不立国教条款，即使该宗教，作为一系列信仰和宗教活动，并没有在更直接的意义上被宣扬或认可……如果其主要可辨识理由是某行为不道德的观念，而该观念是以宗教观念为根据的，脱离了任何足以正当化这项禁令或规制的关于现世伤害的观点，那么该法律就违反了设立条款。

Id. at 487, 489. 进一步，格里纳沃尔特表达了与我在此后记中同样的观点：他的立场"很少会，如果有的话，导致法院推翻过一部法律……对立法基础的限制如果过于严格，(在格里纳沃尔特看来)就没有太多的实际意义。"Id. at 489, 491。

索　引

译者说明：

（1）“提纲式归类索引”。本索引不是单纯的术语索引，在诸多重要术语之后，作者将该术语在全书中相关运用之处都归类列举在其后作为附属索引。如此概括性的“提纲式归类索引”，不仅有利于读者迅速、全面地在本书中查找同一关键词项下的相关内容，更有利于围绕关键词形成全面的认识。

与此相关，附属索引所涉及的并非单纯的词汇索引，很多涉及短句，中文译法与原文译法基本相同，但词序、助词“的”的用法上在部分地方略有不同。

（2）页码。索引中标注的页码，为原书页码，请参照正文中边码适用。

原版致谢

我要感谢埃默里大学的同事们——我将此书献给他们——感谢他们多年以来为我提供介绍和讨论我的作品的机会，如今，这些作品以修正后的（我希望同时改进了的）版本呈现在本书中。我也要感谢那些选修我的宪法课程的埃默里大学的同学们，对我而言，他们是富含洞见、具有挑战性的且不可或缺的交流伙伴。

我要特别感谢那些并非来自埃默里大学，但邀请我展示并讨论本书理论的人们，他们分别来自：阿拉巴马大学法学院（2005 年 9 月）；国王学院，布里斯托尔大学，田纳西大学（2005 年 10 月）；戴顿大学法学院（2006 年 2 月）；佐治亚大学法学院（2006 年 3 月）；芝加哥洛约拉大学法学院（2006 年 3 月）；布鲁克林法学院（2006 年 4 月）；得克萨斯大学法学院（2006 年 4 月）；芝加哥美国哲学协会中央分会（2006 年 4 月）；巴西圣保罗国会宪法研究会（2006 年 9 月）；美国哲学协会东部分会（2006 年 12 月）；佛特孟州马尔波罗学院（2007 年 3 月）；犹他大学法学院及哲学系（2007 年 3 月）；范德堡大学伦理学研究中心及法学院（2007 年 3 月）；佛罗里达州立大学法学院（2007 年 4 月）；康奈尔大学法学院（2007 年 4 月）；代顿学院派神学协会（2007 年 6 月）以及沃尔什大学（2008 年 3 月）。

我还要感谢剑桥大学出版社的编辑安迪·贝克先生对我一贯的支持与鼓励，以及罗纳德·科恩先生——其堪称典范的编辑工作让我的原稿在多个方面都有很大提升。

最后，我要感谢为剑桥大学出版社作评估的试读者，感谢他们提出大量有益的评论；同时还要感谢丹·拉和丹·亚当斯对本书索引所做的工作。

迈克尔·J. 佩里

译后记

本书的翻译，源于笔者于2013年春在浙江大学为宪法学与行政法学研究生开设的《比较宪法学》课程上的一份课程作业。自2009年在法学院、公共管理学院开设研究生课程以来，各课程的选课同学共同合作翻译一部或部分公法英文著作，已成惯例。经过一个短学期的准备、零散讨论交流和翻译之后，通常在最后一次课进行专门的译读。如此设置，大致基于两方面的考虑：一来，从时代背景来看，我国公法研究或许还继续需要一个较长时期的移译阶段，这个期限至少是"五十年不变"，这既由于我国公法研究中尚有诸多需通过从人类共同的思想财富中掘取养分来补课的时代课业和理论阶段，也由于公法研究国际交流的深入和普遍。二来，从课程目标来看，通过合作翻译的方式，强化阅读一手资料的潜意识，培养翻译式精读外文文献，并在精读中相互交流的习惯。数年来多门课程的开设，陆陆续续形成了一些涉及整书或整书之部分的译稿，尽管有待雕琢，但作为私人性的笔记流传在该课程的师生之间。

因赴德国基尔大学一年而停课两学期后，一些选课同学积攒到2013年春一并选课，为本书的翻译提供了较优秀的译者团队。该译者团队的此番合作，大致分三轮展开：

首先，经过试译、讨论和分工形成了如下初译分工格局，由各位译者进行初翻、初校。

导论、致谢、扉页介绍、封四推荐：施鸿鹏（浙江大学民商法博士候选人）

第一章：蒋成旭（浙江大学宪法学与行政法学博士候选人）

第二章：石肖雪（浙江大学宪法学与行政法学博士候选人）

第三章：梁艺（浙江大学宪法学与行政法学博士候选人）

第四章：蒋成旭

第五章：韩宁（浙江大学宪法学与行政法学博士候选人）

第六章：石肖雪

后记：王奎芳（浙江大学宪法学与行政法学博士候选人）

索引：石肖雪

其次，在初译稿的基础上，石肖雪作为首轮统稿人，逐字逐句对全部译稿进行了再校和统稿，并且在全过程中与译者团队各位成员频繁、反复地沟通、联络，以及时调整和统一相关措辞、语序等的表达。

然后，笔者进行了第二轮校、译、统，基本上逐字逐句加以润色、修订甚至进行部分的重译才得以杀青。

在翻译过程中，与佩里的电邮往来，不断地及时廓清并丰富着笔者对其司法审查理论及本书的认识；本中文版的出版，得到清华大学出版社朱玉霞女士及其他同仁基于学术热情的且高效率的关注和支持；在初译过程中，浙江大学硕士候选人刘潇、严龙提供了诸多的建议和思考。没有各个环节的完美衔接，本书顺利、高效地出版是难以成就的，在此一并鸣谢。

掩卷之际，除感到译事之难，更感合译之难，尤其是多人翻译中的有效沟通、统一、互惠合作所须倾注的精力；当然，译校交流中，对不同译法的拿捏取舍之间，也感受到相互之间分享各自翻译思考的乐趣。本书权作为这种分享式合作研究的一种尝试。

郑 磊

2016年12月30日